地方智库报告
Local Think Tank

# 中国农村土地制度改革

## “武进样本”的探索与思考

南京农业大学不动产研究中心
常州市武进区农村土地制度改革三项试点办公室
编

中国社会科学出版社

**图书在版编目(CIP)数据**

中国农村土地制度改革“武进样本”的探索与思考/南京农业大学不动产研究中心，常州市武进区农村土地制度改革三项试点办公室编．—北京：中国社会科学出版社，2021.1

（地方智库报告）

ISBN 978-7-5203-7839-0

Ⅰ.①中…　Ⅱ.①南…②常…　Ⅲ.①农村—土地制度—经济体制改革—研究—武进区　Ⅳ.①F321.1

中国版本图书馆CIP数据核字（2021）第022087号

出 版 人　赵剑英
项目统筹　王　茵　喻　苗
策划编辑　李溪鹏
责任编辑　孙砚文
责任校对　杨　林
责任印制　王　超

出　　版　中国社会科学出版社
社　　址　北京鼓楼西大街甲158号
邮　　编　100720
网　　址　http://www.csspw.cn
发 行 部　010-84083685
门 市 部　010-84029450
经　　销　新华书店及其他书店

印　　刷　北京明恒达印务有限公司
装　　订　廊坊市广阳区广增装订厂
版　　次　2021年1月第1版
印　　次　2021年1月第1次印刷

开　　本　787×1092　1/16
印　　张　16
字　　数　208千字
定　　价　89.00元

**本书编著人员：**

**南京农业大学：**

吴　群　郭贯成　刘向南　陈会广　彭建超
严思齐　高　平　邹　伟

**常州市武进区农村土地制度改革三项试点办公室：**

（从略）

# 目　　录

# 第一章 农村土地制度改革：历程与认知

## 一 中国农村土地制度改革历程

土地问题一直是我国“三农”问题的核心，农村土地制度是我国制度体系中一项十分重要的制度，我国历次农村土地制度的改革对我国农村、农业与农民的发展，对我国城乡经济与社会的进步，均起到牵一发而动全身的重要影响。新时代农村土地制度的深化改革已成为我国治理体系和治理能力现代化建设进程中十分重要的一环。回溯新中国成立以来，我国农村土地制度的改革历程大致历经了四个主要阶段。

### （一）第一阶段：以“土地农民所有制”为主要标志的土地改革

“打土豪，分田地”，实行“耕者有其田”是旧中国贫苦农民参加革命摆脱压迫与剥削的一个梦想。1949 年 7 月，中国人民政治协商会议通过的《共同纲领》规定，中华人民共和国必须有步骤地将半殖民地半封建的土地所有制改变为农民的土地所有制。新中国成立以后，首先在农村开始了史无前例的土地革命。1950 年 6 月，新中国颁布实施的《中华人民共和国土地制度改革法》明确规定，“实行农民的土地所有制，借以解放农村生产力”，“所有没收和征收来的土地和其他生产资料，除本法规定收归国家所有外”均应“统一地、公平合理地分配给无地及缺乏其他生产资料的贫困农民所有”。经过1950年至1952年3年左右的农村土地改革，全国3亿多无地少地的农民无偿获得7亿亩的土地和其他生产资料，90%以上的全部耕地归贫农、中农占有，进一步解放了农村生产要素，调动了农民的生产积极性，促进了农业的发展。这不但解决了农民的吃饭问题，新中国基层政权也得到不断巩固，为社会主义建设奠定了较好的基础。

### （二）第二阶段：以“土地集体所有制”为主要标志的土地改革

为了克服土地分散经营，获得更多的粮食及其他工业原料，1951年至1952年国家引导农民走农业生产互助合作的道路，按照自愿、互助和互利的原则，将农民“组织起来”。1953年，中国开始实施第一个国民经济五年计划，将逐步实现国家对农业、手工业和资本主义工商业的社会主义改造，促进国家的社会主义工业化作为过渡时期的总路线。1955年，全国人大通过了《农业生产合作社示范章程草案》，建立了土地及其他生产资料公私参半的初级农业生产合作社。其后不久，要求把社员私有的土地等主要生产资料无偿并入合作社，转为合作社集体所有，建立了所谓的高级农业生产合作社，基本否定农民的土地私人所有，取消体现农民占有土地权利的“土地分红”。到1956年底，基本完成了农业社会主义改造，初步建立了社会主义公有性质的农村土地集体所有制。1958年，中央作出《关于在农村建立人民公社问题的决议》，将全国74万多个农业生产合作社改组为2.6万多个人民公社，参加公社的农户有1.2亿，占全国总农户的99%，标志着“三级所有，队为基础”的农村集体土地所有制、“一大二公”的农村集体经济制度基本形成。

### （三）第三阶段：以“农村土地承包经营”为主要标志的土地改革

1978 年秋，安徽凤阳小岗村 18 名村民和村干部签订“生死契约”，实行“大包干”到户，揭开了新一轮农村土地改革的序幕。1980 年中央的 75 号文件为农村实行联产承包责任制、包产到户提供了政策支持。1981 年 12 月，中央召开第一次全国农村工作会议，对当时全国出现的联产到劳、包产到户、包产到组、包干到户等多种形式的生产责任制进一步从政策层面上给予了认可，截至当年 12 月，全国农村 90% 以上的生产队建立了不同形式的生产责任制。1982 年至 1986 年，中央连续出台 1 号文件，对农村家庭承包责任制实施过程中若干问题的解决与相关政策进行了不断完善。至此，以农户和集体之间土地承包“合同”为主要权利关系的农村土地承包责任制通过国家政策得以确立。这一制度安排，是在坚持土地集体所有制的前提下，将土地承包经营权交给农民，以家庭承包经营为基础，统分结合、双层经营，确立了农户作为农业生产经营的主体地位，解决了“由谁生产、生产什么”这些关键问题，克服了“一大二公”体制和计划经济模式下农民生产积极性不高、农业生产效率低下的弊端，极大地促进了农业和农村的发展。

1986 年以后，农村土地承包制度法律地位得以确认。1986 年通过的《民法通则》及 1993 年的《宪法修正案》，从法律层面确立了新时期我国农村土地承包经营制度。针对承包制实施以来的土地频繁调整、农民承包经营权受损等问题，1997 年中办国办出台《关于进一步稳定和完善农村土地承包关系的通知》，对“两田制”土地承包期的延长等作了明确规定，进一步稳定了家庭承包制，保护了农民土地承包经营权。1998 年修订的《土地管理法》首次对农村土地承包经营的权利主体进行了明确界定。针对“反租倒包”等存在的不规范土地流转问题，2001 年 12 月，中央在《关于做好农户承包地使用权流转工作的通知》指出，农户是土地使用权流转的主体，拥有承包期内的土地使用权、收益权和流转权，有权依法自主决定承包地是否流转和流转的形式，土地使用权流转必须建立在农户自愿的基础上。

2003 年 3 月 1 日，《农村土地承包法》开始实施，对土地调整、土地承包权利义务、土地承包经营权流转、土地承包期限等作出法律规定，使得第二轮土地承包后农民土地承包经营权得到进一步的稳定与完善。2007 年 10 月 1 日起实施的《物权法》，将土地承包经营权界定为用益物权，对土地承包经营权的登记、变更、生效及征收征用中的承包人的补偿权等事项进行了法律规范。至此，土地承包经营权的法律主体地位、农民的土地财产权等纳入了法律保护的框架。

### （四）第四阶段：以“农村土地统筹改革”为主要标志的土地改革

党的十八大以来，以习近平同志为核心的党中央高度重视全面深化农村改革，深入推进农村土地制度的统筹改革。2013 年、2014 年先后出台《关于加快发展现代农业　进一步增强农村发展活力的若干意见》《关于全面深化农村改革　加快推进农业现代化的若干意见》，全面开展农村土地确权登记颁证工作，为稳定现行农村土地承包关系“长久不变”，放活土地经营权及经营权抵押提供了重要保障。2015 年 8 月国务院印发《关于开展农村承包土地的经营权和农民住房财产权抵押贷款试点的指导意见》，明确提出赋予农民更多的土地财产权利。2016 年中央出台《关于落实发展新理念加快农业现代化　实现全面小康目标的若干意见》，进一步明确了农村土地承包关系长久不变的方针，提出“落实集体所有权，稳定农户承包权，放活土地经营权，完善‘三权分置’办法”的改革思路。

与此同时，农村宅基地、征收土地、集体经营性建设用地等农村土地制度三项试点的改革，按照中央部署在全国33个地区进行了改革试点工作。2013年中央1号文件就提出依法保障农村宅基地使用权，按照党的十八届三中全会有关保障农村宅基地用益物权的精神，2014年中央1号文件在保障农户宅基地用益物权的基础上，对宅基地分配政策作了进一步说明，同年12月，中办国办联合印发《关于农村土地征收、集体经营性建设用地入市、宅基地制度改革试点工作的意见》，正式启动了农村“三项试点”统筹改革的大幕，其后的2015年、2016年中央1号文件对农民住房保障新机制、农村宅基地使用权登记颁证等工作提出了进一步的要求。

在征地制度改革方面，2013年中央1号文件提出尽快修订《土地管理法》为农村土地征收提供法律保障，2014年中央1号文件明确提出要加快推进征地制度改革、缩小征地范围、逐步完善征地补偿办法，2015年中央1号文件强调建立兼顾国家、集体和个人的土地增值收益分配机制，不断完善被征地农民的保障机制。

在集体经营性建设用地制度改革方面，2013年中央1号文件提出要严格规范城乡建设用地增减挂钩试点和集体经营性建设用地流转，党的十八届三中全会对城乡建设用地“同等入市、同权同价”作出了明确规定。2014年中央1号文件提出加快建立农村集体经营性建设用地产权流转和增值收益分配制度改革，2015年、2016年中央1号文件分别提出对农村集体经营性建设用地入市改革实施分类试点，适当提高农村集体和个人分享的增值收益，出台土地增值收益调节金征管办法。

## 二　武进区农村土地制度改革的历史回顾

### （一）农业用地制度改革

新中国成立初期，武进县积极响应新中国土地改革的号召，开展了大量富有成效的工作。1949年11月15日，中共武进县委发出《关于秋征查田工作的紧急指示》，并立即组织工作队伍，发动群众清查田亩，开展反黑田运动，做好归户核算工作，为秋征和土地改革运动做好准备。1950年6月30日，中央人民政府颁布《土地改革法》，同年7月28日，中共常州地委派土地改革工作队450人，武进县委配备50人，分别赴新安、厚余、新中、政北、鸣凰、万塔、桐庄、南夏墅、卢家巷、瀛西等10个乡（镇）试行土地改革，并总结经验。土地改革运动结束后，为帮助农民彻底翻身，避免重走穷富分化老路，中共武进县委、县人民政府号召引导农民走农业生产互助合作化道路，按照自愿互利原则，组织季节性互助组、常年互助组。随着农民的农业合作化运动积极性日益高涨，中共武进县委、县政府因势利导，及时组织试办高级农业生产合作社（高级社）。1962年2月13日，中共中央下达《关于改变农村人民公社基本核算单位问题的指示》，确立“三级所有、队为基础”的生产、核算体制。至同年2月底，武进县除个别大队外，全部实行以生产队为基本核算单位体制，农村土地集体所有制得到巩固和完善。

改革开放后的1980年冬，武进县农业用地试行家庭承包方式，土地分口粮田和承包田二类，劳动力不足的家庭只分口粮田，劳动力富余的家庭除口粮田外，还有承包责任田，责任田所产粮食由国家收购，收益除上缴征购粮、农业税、公积金、公益金和管理费外，其余归承包者，即所谓“完成国家的，留足集体的，余下都是自己的”，充分体现按劳分配原则。20世纪90年代，随着国家粮油作物统购统销政策的废止，粮油购销全面实行市场化经营，武进农业用地使用制度进一步发展，由承包责任制发展为合同租赁制。承包责任制的上缴部分为租金所代替，额度由土地所有村、组与租赁者协商决定，并明确租用期限、双方责任、义务、权利等。承租人选由村、组机构内部向外部发展，由于取消粮油生产计划，土地用途更加灵活，只要不改变农业用地性质，种植品种和布局不受土地所有者干涉。为提高经济效益，一部分承租者种植高效经济作物，或搞饲养业、畜牧业、水产业等并出现一批专业户，实施规模化、科技化经营，使传统农业向现代高效农业发展，最大限度地提高农用地使用价值。至2012年，武进县农业用地全面形成有偿、有限期、可流动使用制度。

### （二）征地制度改革

武进征地制度改革可追溯到20世纪50年代，1953年12月，中央人民政府政务院公布了《国家建设征用土地办法》，1954年起武进区开始办理国家建设用地征地。1954年至1957年，武进地区征地补偿费标准由当地乡政府会同用地单位、农民协会和土地所有权人（或使用人）或其推出的代表评议、协商决定。一般土地以其征用前3—5年产量的总值为标准给予补偿，特殊土地根据实际情况酌情变通处理。1958年以后，一般土地以其征用前2—4年产量的总值为补偿标准；对茶山、鱼塘、桑园、竹林、果园、苇塘等特殊土地，根据情况变通处理。1975年以后，由建设用地单位与被征地单位协商决定补偿标准，地区之间与地块之间有一定差距，如湖塘公社的一般水旱地每亩土地补偿费为456元左右，而奔牛公社达到840元左右。

改革开放以后，根据1982年国务院公布的《国家建设征用土地条例》，武进先后多次调整了土地征收补偿费标准，以菜田征收为例，1984年4月24日，武进县人民政府在武政发〔1984〕78号《关于贯彻〈国家建设征用土地条例〉和省市有关规定的通知》中规定征用土地补偿费标准为每亩2000元，1989年2月11日，武进县人民政府在武政发〔1989〕16号《关于贯彻执行常政发〔1988〕329号文件的通知》中规定，每亩征（使）用蔬菜地补偿标准为4638元，2004年起，土地补偿费标准根据被征收土地不同类别，按邻近耕地前3年平均年产值不同倍数确定，耕地为10倍。

青苗及附着物补偿费相关制度不断完善，1953年至1984年3月，武进对被征（使）用土地上的农作物实行“青苗补偿”，其标准由用地单位与被征（使）用土地单位或个人按照公平合理的原则协商决定，由用地单位支付一季农作物的青苗补偿费。1984年4月、1989年2月、2002年青苗补偿费标准分别达到每亩160元（菜田，下同）、390元、耕地按前3年平均年产值50%计算。1953年至1954年，被征（使）用土地上的房屋、水井、树木、坟墓等附着物，由当地乡（镇）人民政府、用地单位和土地原所有人（或原使用人）根据实际情况和公平合理的原则协商确定补偿额。1984年、1989年附着物补偿费（以砖混结构房屋为例）分别为每平方米25—35元、90—120元。

劳动力安置费用相关制度有较大改进，1953年至1957年，国家建设征用土地，由县人民政府负责协助被征用土地的农民转业，用地单位协同县劳动部门和工会在条件许可的范围内尽可能吸收其工作。1958年至1983年，国家建设征用土地后需要安置的农民，由县人民政府负责尽量就地在农业上予以安置，农业上确实无法安置的，由县人民政府劳动部门、民政部门会同用地单位设法在其他方面安置。1984年，县人民政府武政发〔1984〕78号文件规定，因国家建设征用土地而产生的剩余劳动力，已在县属企事业单位工作、吃农业粮的征用工、固定工、计划内合同工，以及经劳动部门批准的亦工亦农人员，不作为在队的农业劳动力计算。1989年2月，县人民政府规定，国家建设征用土地后剩余劳动力的安置标准为：征地后人均耕地在0.5亩以下的村民小组（习惯上仍称“生产队”），每征用1亩土地安排1个劳动力，人均耕地在0.5亩以上的村民小组，每征用2亩土地安排1个劳动力，安置劳动力的单位，每安置1个劳动力获得1200元补助费，乡（镇）、村企事业单位使用土地后剩余的劳动力由乡（镇）人民政府安置。2002年3月5日，武进市政府武政发〔2002〕10号文件规定：安置补助费按照征用土地面积计算，征用耕地，征地前被征地单位农业人口人均耕地在1亩以上的，安置补助费按该耕地被征用前3年平均年产值5倍计算，人均耕地在1亩及以下的从6倍起计算，人均耕地每减少0.1亩，安置补助费相应增加1倍，最高不超过15倍。征用其他农用地安置补助费按照该土地邻近耕地补偿费标准的70%计算。征用耕地的，征地单位除按规定支付安置补助费外，还应支付农业人口保养金（征地后人均耕地在0.5亩以下的，保养金标准按该耕地被征用前3年平均年产值5倍计算；人均耕地在0.5亩以上的，按该耕地被征用前3年平均年产值3倍计算）。2004年，常政发〔2004〕68号文件规定，征用农地，按需要安置的被征地农业人口计算，每一个需要安置的被征地农业人口安置补助费最低标准为25000元。

武进被征地农民基本保障制度的建立则是在进入21世纪后建立的。2006年3月3日，武进区委、区政府发布的《关于建立被征地农民基本生活保障制度的意见》（武发〔2006〕37号）规定：以农村集体经济组织通过保障方案之日为基准，将被征地农民划为四个年龄段，分别实行生活补助、养老保险和保养的基本生活保障办法。第一年龄段（16周岁以下）人员，一次性领取生活补助金6000元，就业后，按新增劳动力进行管理，并按规定参加城镇企业职工基本养老保险。第二年龄段（女性16周岁及以上至45周岁，男性16周岁及以上至50周岁）人员，一次性补缴养老保险费后参加城镇企业职工基本养老保险，同时在办理养老保险的次月起，按月领取生活补助金160元，期限为2年，达到保养年龄时，按月领取养老金。第三年龄段（女性45周岁及以上至55周岁，男性50周岁及以上至60周岁）人员，一次性补缴养老保险费后参加城镇企业职工基本养老保险，同时在办理养老保险的次月起，按月领取生活补助金140元，达到保养年龄时，按月领取养老金。第四年龄段（保养年龄，女性55周岁以上，男性60周岁以上）人员，按月领取保养金200元，并随社会经济发展逐步提高。为了确保被征地农民基本生活保障制度得到切实贯彻执行，武进区国土资源分局密切配合，在土地征收和使用过程中，严格把好供地和发证关，凡征地补偿资金不到位的，一律不供地、不发证。

### （三）农村集体建设用地有偿使用制度改革

武进是“苏南模式”的发源地之一，也是乡镇工业的滥觞之地。武进乡镇工业起步较早，孕育、萌芽于20世纪50年代中国农村合作化高潮和城乡私营工商业的社会主义改造之中，正式起步于1958年人民公社“大办工业”运动中，探索于20世纪60年代，形成于70年代，崛起、成熟于80年代，腾飞、辉煌于90年代。

20世纪50年代中期至1990年10月，武进乡（镇）、村企事业单位和个人建设用地无偿、无限期、无流动使用集体土地。1950年至20世纪70年代，武进集体建设用地供给方式无具体规定，或乡（镇）、村、组自定自用，或用地单位与所在地村、组协商占用，或用地单位向所在地村、组租用，1957年前，民房建设占用私人所有土地自行解决。1957年土地私有制转变为土地集体所有，农民建房用地由集体拨给。

改革开放以后，随着农村人地关系的变化，武进县农村集体建设用地的管理提上议事日程。1981年12月30日，武进县政府颁发《武进县集镇建设和农房建设管理暂行规定》，规定集体建设用地根据建设项目和建设规划，按照国家建设用地审批程序和审批权限，向有关部门申请，经批准后方能占用土地，将集体建设用地纳入规范化有序管理。据统计，1984年至1995年，全县批准集体建设用地720.03公顷，年均65.46公顷。1990年10月，武进贯彻《国务院批转国家土地管理局〈关于加强农村宅基地管理工作的请示〉的通知》（国发〔1990〕4

号）和江苏省政府《关于进一步加强土地管理工作的通知》（苏政发〔1989〕4号）文件精神，颁发《非农业生产建设用地有偿使用收费管理办法（试行）》，规定县行政区域范围内尚未征收城镇土地使用费的企业、事业单位（包括个体户、经济联合体）的各类用地和城镇农村居民宅基地试行有偿使用，并于1990年1月和3月先行在孟城镇、卢家巷乡进行宅基地有偿使用试点，孟城镇有14户自动拆除旧房31间，归还土地616平方米。卢家巷乡自动拆除旧房37间及围墙，归还土地1564平方米，退出侵占的宅基地560平方米，解决了长期以来规定拆旧房而不拆的难题。孟城镇有43户，卢家巷乡有27户未经批准或少批多占地建房的农户自动接受处理，纠正了违法用地，卢家巷乡下半年的宅基地纠纷比1989年同期减少了1/3。孟城镇收到宅基地使用费61458元，用于集中购买推土机用于土地复垦工作，卢家巷乡收到宅基地使用费51355元，用于修铺机耕道15段计6.75公里，筑过河坝两道，修下水道2条。截至1991年12月底，全县60个乡（镇）全部实行建设用地有偿使用制度，共收取乡（镇）村企业和宅基地土地使用费449.4万元，除按规定提取一部分业务费外，其余全部留乡（镇）村列入建农资金和创办公益事业。1999年至2012年共供应集体建设用地2105.35公顷。2010年1月1日起实施《武进区土地年租金征收办法（试行）》，2010年一年征收的土地年租金近2亿元。

## 三　中国农村土地制度的缺陷

毋庸讳言，经过几十年尤其是改革开放以来的中国农村土地制度改革，取得了令世人瞩目的成就，我国农村与农业发生了巨大变化，农民的收入水平得到显著提升，同时，农村主要地类得以充分利用。数据显示，截至2015年末，全国共有农用地64545.68万公顷，其中耕地13499.87万公顷（20.25亿亩），家庭承包经营的耕地面积13423.68万公顷，占总耕地面积的99.44%。全国农村143.134万公顷的村庄用地中，农民宅基地约为133.3万公顷，占比高达95%。2003年至2015年期间，通过国家征收及集体非农流转方式，全国农地转为非农用地面积1156.18万公顷（刘守英，2017）。通过农村土地制度的不断创新，不仅在法律上更加明确了集体土地产权的权能、内涵、属性与农民土地财产权，而且在实践上保证了国家的粮食安全，稳定了农民的土地承包权，保障了农民的增收致富和合理的土地权益。农民住有所居、安居乐业，宅基地使用权及财产权价值得到进一步的显化与保护。土地征收中的集体土地补偿、农民安置与增值收益分配等制度日益完善，城乡用地转换的这一制度安排，为我国40多年改革开放阶段快速工业化、城市化的土地资源保障作出了重要贡献。

回顾我国农村土地制度的历次变革，主要集中在土地承包经营权方面，对农村宅基地、集体经营性建设用地改革的制度设计相对较少，尽管农村承包地“三权分置”改革又进入一个新的发展阶段，但从总体性和系统性上来讲，我国农村土地制度的改革尚处于一个严重滞后于快速工业化、城镇化发展的阶段，尤其是在体制与机制等制度安排上尚存在不少缺失与障碍。概括起来，当前我国农村土地制度缺陷及问题主要体现在以下四个方面。

### （一）土地等生产要素流动体制不畅，城乡要素格局失衡

“城乡一体化发展，要求城乡土地要素自由流动、合理配置”（顾朝林、李阿琳，2013），就是要改变城市偏向政策，从制度上建立新型的城乡关系，让农村和城市具有均等的发展机会（刘永强等，2013）。受我国长期城乡经济社会二元分割体制的影响，城乡间要素与资源的流动极不平衡，表现为土地向城

市流转、人口向城市流动、资本向城市集聚、财富向城市集中，导致城乡二元结构严重失衡，城乡发展差距不断拉大，农村的经济社会发展功能受到破坏。数据显示，1999 年到 2007 年，我国城市建成区的面积扩大了 7.2%，但吸纳的人口只增长了 4%，表明我国的土地城镇化快于人口城镇化，土地流向城市的规模偏大。资源过度集中于大城市引发了“城市病”，如北京和天津集中了全国优质的经济、教育、医疗、文化、行政资源，而北京与天津周围却环绕了 3798 个贫困村、32 个贫困县，共计 272.6 万贫困人口。城乡收入差距比例 1978 年为 2.57，1983 年为 1.82，2003 年为 3.23，2014 年仍然达到 2.75；如考虑城市居民享有的各种福利和补贴，则城乡收入差距更大，2014 年我国基尼系数为 0.469，高于 0.4 的国际公认警戒线，城乡财富格局失衡的马太效应显著。

### （二）农村土地产权界定不清晰，城乡同地不同权不同价

“土地的产权制度是为了保护产权人的合法权利，这是整个土地制度的基础。”（陈锡文，2014）城乡发展一体化，要实现生产要素在城乡之间的合理流动和平等交换，关键在于土地制度，我国土地制度的最大弊端是集体土地与国有土地同地不同权（刘守英，2014）。长期以来，农村集体土地所有权与城市国有土地所有权地位不对等，农村集体土地产权主体残缺不全，表现为没有明确的土地所有权主体代表、土地产权关系模糊不清、治理结构不完善等问题（胡建，2014；廖长林、高洁，2008）。“城乡土地权利与市场存在明显的分割，不利于保护农民土地财产权利、促进农村集体存量经营性建设用地效率提高。”（国务院发展研究中心农村部课题组，2014）模糊的农村集体土地产权主体以及土地确权登记等制度的不完善，导致农村土地尤其是建设用地利用效率低下，经营性土地资产难以入市流转，价值价格偏低，土地投资回报率不高。据粗略测算，

我国城乡建设用地总量已突破34万平方公里，村庄占用的建设用地总量大约是城镇建设用地的2.7倍，但农村闲置低效用地普遍，空心村现象严重，我国农村集体建设用地面积近4亿亩，价值超过100万亿元，却不能和城市土地一样能够“市场化”“资产化”。

### （三）政府干预过多，市场配置土地资源的机制尚未真正建立

“确权后的农村土地产权可以和城市国有土地使用权一样进行市场化运作”（黄祖辉等，2012），按照“权利平等”原则，公平对待国家土地所有权和集体土地所有权，有条件地允许集体建设用地使用权入市流转，进而推动城乡土地市场体系的完善和土地配置效率的优化（陈志刚等，2010）。然而，由于农村集体土地市场机制的缺失，加之政府过度干预，使得市场配置农村土地资源的决定性作用未能得到有效的发挥。数据显示，1999年至2015年是中国历史上土地资产化最为迅猛的17年，城市土地市场得到进一步发展，全国土地出让收入总额约27.29万亿元，年均1.6万亿元（叶开，2016），而我国农村土地市场一直未能从立法与制度层面加以规范，长期处于隐形市场与灰色交易状态。据估算，全国空心村综合整治增地潜力可达约1.14亿亩（刘彦随，2012），如能将多余的农村建设用地指标通过市场机制规范有序入市，必将进一步促进土地要素的自由流动，国家、集体和农民都能从巨额的集体土地资产中分享收益。

### （四）土地增值收益分配扭曲，农民土地权益受损

“尽管我国工业化和城镇化水平已有很大提高，迈入了中等偏上收入发展阶段，但城乡二元结构明显、城乡差距过大仍是我国目前面临的主要结构性问题之一”（国务院发展研究中心农

村部课题组，2014），“农民和市民在权利上的不平等没有根本消除，比如土地权利的利益分配”（刘守英，2016）。据初步测算，由于城乡分割的体制，改革开放的“前20年，我国农民征地得到的补偿最多不超过5000亿，而25年的工业化和城镇化，国家和城市工商业从农村集体廉价的土地中转移和积累了9万多亿资产”（周天勇，2014）。数据显示，伴随我国城市建成区面积从1981年的0.7万平方公里增至2015年的4.9万平方公里，大量土地增值收益流入城市，集体和农民从征地中获得的增值收益仅30%左右，2011年全国58.9万个村庄无集体统一经营收益或收益在5万元以下就占79.6%，2016年农村居民人均可支配收入12363元中土地财产性收入仅占一至二成。2015年我国（名义）城镇化率为56.1%（比世界平均水平高约1.2个百分点），但按户籍人口计算的我国（实际）城镇化率仅约38%左右，大量被安置进城农民虽然实现了城乡转移和职业转换，但在社会保障、医疗、教育、住房等基本公共服务方面享受不到“同城”待遇。

## 四　“三块地”统筹改革的理论认知

2013年11月，党的十八届三中全会提出赋予农民长期而有保障的土地财产权，既是重大理论创新和农村改革实践的需要，也为进一步深化农村土地制度改革指明了目标与方向。2015年1月，中共中央办公厅和国务院办公厅联合印发了《关于农村土地征收、集体经营性建设用地入市、宅基地制度改革试点工作的意见》，提出了用2—3年的时间在全国33个县区重点围绕完善土地征收制度、建立农村集体经营性建设用地入市制度、改革完善农村宅基地制度以及建立兼顾国家、集体、个人的土地增值收益分配制度四大任务进行改革试点，进一步完善和创新农村土地制度，正式启动了新时代农村土地制度的深化改革。

如何认识新一轮农村土地制度改革？其具有什么样的理论内涵和重大现实意义？弄清这些问题对于进一步统一思想认识，把准改革的脉搏，推进改革向纵深稳步发展具有重要意义。本书认为，深入开展中国农村土地制度改革，必须达成如下几点重要的理论认知：

### （一）农村土地制度改革必须遵循的理论思想

我国走过了近40年不平凡的改革开放历程，先后在我国的经济体制、市场体制、“三农”问题、和谐社会、文化发展等诸多领域进行了深化改革，取得了历史性的辉煌成就，解决了我国社会长期以来人民日益增长的物质文化需要同落后的社会生产之间的主要矛盾，使得我国稳居世界第二大经济体的位置，综合国力显著提升，实现全面小康指日可待。当前，我国已进入一个决胜全面建成小康社会和为实现中华民族伟大复兴的中国梦不懈奋斗的新时代，我们所要解决的社会主要矛盾是“人民日益增长的美好生活需要和不平衡不充分的发展之间的矛盾”，习近平新时代中国特色社会主义思想是我国改革与发展最强大的理论指导思想，必须清醒地认识到，我国仍处于并将长期处于社会主义初级阶段的基本国情没有变，我国“乡村发展不充分、城乡发展不平衡”的矛盾已愈加显现，成为今后一个时期全面实现小康社会和国家现代化的一个突出的短板，因此，仍需不忘初心、继续前进，坚持全面深化改革，坚持和完善中国特色社会主义制度，不断推进国家治理体系和治理能力现代化，坚决破除一切不合时宜的思想观念和体制机制弊端。

我国的经济体制改革必须以完善产权制度和要素市场化配置为重点，实现产权有效激励、要素自由流动、价格反应灵活、竞争公平有序、企业优胜劣汰。同时，要“巩固和完善农村基本经营制度，深化农村土地制度改革，完善承包地‘三权’分置制度。保持土地承包关系稳定并长久不变，第二轮土地承包到期后再延长三十年。深化农村集体产权制度改革，保障农民财产权益，壮大集体经济”。这些重要的理论论述，是当前我国农村土地制度改革十分宝贵的指导思想，是促进国家全面深化改革，实现农村繁荣、乡村振兴的重要保障，是农业现代化与农民幸福的基础性改革工程，也是实现城乡融合发展的关键所在。

### （二）农村土地制度改革必须破解的理论命题

“促进要素合理高效流转、实现土地权益公平”是农村土地制度改革必须破解的理论命题。首先，通过改革促进要素合理高效流转。长期城乡“二元”体制机制导致人口向城市流动、资本向城市集聚、财富向城市集中，城乡资源配置失衡，农村生产要素流动不畅，严重制约了乡村振兴与城乡融合发展。其次，通过改革实现土地权益公平。农村产权、市场、分配等领域的体制机制障碍与缺失，导致土地增值收益在城乡以及国家、集体与个人间分配不公、农民权益受损的现象长期存在，农村与农民的获得感不足。数据显示，我国城乡收入差距仍然较大；2011 年全国 58.9 万个村级集体中，无集体统一经营收益或收益在 5 万元以下的占 79.6%，农村集体经济十分薄弱。因此，深化农村土地制度改革需要从理论上破题，笔者认为，促进要素合理高效流转、实现土地权益公平实现，必须形成以下几个方面的理论共识。

第一，乡村系统性、全覆盖的规划体系是农村土地制度改革的基础与龙头。尽管我国实施了较为严格的土地用途管制及土地规划、城市规划制度，但现行城乡规划体系仍然沿袭了城乡二元经济的理论体系，城乡规划割裂、建设用地多头规划、多头管理、各自为政的体制，导致我国城乡建设用地规模庞大、粗放利用现象严重。数据显示，我国城乡建设用地总量已突破 34 万平方公里，居世界第一，城市 40% 以上的土地低效利用，

5%的土地处于闲置状态。随着城市化进程的推进，农村空心村现象严重，村庄占用的建设用地总量大约是城镇建设用地的2.7倍。因此，如何统筹配置城乡建设用地，促进土地、资本和人力等生产要素在城乡之间合理流动与高效组合，制定科学的村镇规划、促进城乡多规融合已迫在眉睫。因此，实施乡村振兴战略与深化农村土地制度改革，必须以城乡融合发展理念为指导，通过顶层设计，制定乡村系统性、整体性、全覆盖的规划体系，彰显土地资源、资产与资本价值功能，合理布局农村生产、生活、生态空间，统筹安排农村一、二、三各产业用地，确保农村土地制度改革在科学的乡村规划下有序实施。

第二，城乡平等的产权是农村土地制度改革的核心。土地财产权的公平实现更能体现“以人为本”“以权为基”“地利共享”的核心价值。由于我国存在国家、集体两个不同的土地所有权主体，因而，城乡公平对等的土地财产权制度构建是农村土地制度改革的核心，可弥补现行城乡土地产权制度的“短板”。目前，我国城乡建设用地产权地位不对等，农村集体土地产权仍存在主体不够清晰、权能不够完善、权利界定不清、权益保障不够等问题。尽管我国正在开展集体土地的确权登记与发证工作，但在构建一个平等的土地产权机制、规则与保护等制度方面的进展有待深入。因此，迫切需要建立城乡平等的土地产权制度，改变同一地块因所有制不同、权利设置不同而导致规划、流转与收益分配不同的格局，真正实现“同地同权同价”。理论上，产权平等的实质是赋予集体、国有土地同等的占有、使用、收益和处分权，并能得到《宪法》和相关法律的严格保护。实践上，要深化和细化集体所有土地的确权、登记和发证制度建设，推进实施以土地为基础的城乡不动产统一登记制度，统一法律依据、登记机关和权属证书，按照《物权法》的要求，尽快出台不动产统一登记法律法规。

第三，发挥市场配置农村土地资源、资产与资本决定性作用是农村土地制度改革的重要保障。市场这只“无形的手”在资源配置中发挥着决定性作用，健全的市场机制与价格体系是土地资源保护、土地资产运行、土地资本运作不可缺失的环节，农村集体建设用地只有纳入到与城市同一市场平台，才能体现城乡土地产权的平等地位，才能在城乡间合理有序流动，并能在提升用地“效率”的同时，体现城乡土地利益的“公平”。已有的研究表明，我国农村集体建设用地面积近4亿亩，价值超过100万亿元，如果这一沉睡的土地资产能够被激活并纳入与城市建设用地同样的市场平台，将使农民可以平等地参与土地资本运作，参与工业化、城市化进程，共享改革开放的成果。而要实现这一目标，构建城乡统一的建设用地市场，解决好城乡“统一”的建设用地价格体系、定价机制、平台建设、交易规则与市场监管等方面的问题就显得尤其重要和必要。发挥市场对配置农村土地的决定性作用是农村土地制度改革的重要理论课题，相关研究成果对丰富和完善中国特色社会主义土地市场经济理论具有十分重要的意义。

第四，收益共享、分配公平是农村土地制度改革的关键。收益分配是土地权利的体现和土地制度的关键。在我国现行的制度环境下，开发商、地方政府是土地收益分配的最大赢家，据国务院发展研究中心的一份调查显示，征地之后土地增值收益分配，开发商拿走了40%—50%，政府拿走了20%—30%，村级组织留下25%—30%，而农民拿到的补偿款只占整个土地增值收益的5%—10%。大量绝对地租、级差地租流失严重侵害了集体与农民的利益，大规模土地增值收益分配的扭曲，导致“粗放工业化”和“虚假城市化”，城乡发展不可持续，社会矛盾激化，维稳压力增加，对我国经济发展与和谐、美丽社会构建产生了严重的负面影响，因此，要坚持以人为本、地利共享的基本原则，建立兼顾三者（国家、集体、个人）和统筹城乡的土地利益共享机制。农村土地制度的深化改革必须深入探讨农村土地增值收益的影响因素与形成机理，构建科学合理的土地收益分配的体制机制，力求在土地收益分配重大理论与实践上有新的突破。

第五，健全乡村治理体系是农村土地制度改革的推进剂。法治建设是实现城乡融合发展、保障农民土地权益的重要保障。从我国当前农村的实际情况来看，由于“市场”与“治理”两个层面的农村土地制度供给不足，引发了诸多农村社会问题。据国务院发展研究中心刘守英研究员等人的研究，我国过去一段时期群体性上访事件60%与土地有关，土地纠纷上访占社会上访总量的40%，其中征地补偿纠纷占到土地纠纷的84.7%，每年因征地拆迁引发的纠纷达400万件左右。可见，在快速工业化、城镇化进程中，农村基层治理存在十分薄弱的环节，如不加以解决必然影响农村土地制度改革的进程，不利于乡村振兴战略的顺利实施。因此，要通过健全自治、法治与德治相结合的乡村治理体系，加强农村基层党、政及相关组织、团体的建设，有效推进农村土地制度改革的不断深入。

### （三）农村土地制度改革必须遵循系统性理论

进入新时代，我国全面深化改革必将面临许多新情况新问题，因此，增强改革的系统性、整体性、协同性就十分必要，深化农村土地制度改革莫不如此。我国农村土地制度改革的历史经验告诉我们，在人民物质文化需求短缺的时代，农村土地制度的改革往往发端于农业生产经营用地，通过及时调整人地关系，不断改革土地承包经营制度，不断完善农民土地财产权能，才能不断解放农村生产力，释放农业生产的活力，激发农民的积极性和创造性，提升农业生产的效率。一旦我国从农业社会向工业及城市社会转型，土地作为农村重要的资产与财产，就必然要参与到土地资本化、市场化与土地增值的进程中，只有尊重这一客观规律，重视发挥农村集体建设用地应有的价值与功能，才能在城乡之间、国家集体与农民之间构建科学、合理的土地利益分配格局。这就需要将农民的宅基地、集体经营性建设用地和承包地一起来统筹考虑农民土地财产权益的保护与农村土地制度的改革问题，这也是承包地“三权分置”和宅基地、集体经营性建设用地及土地征收“三块地”改革试点并行实施的一项制度安排，改变了过去摸着石头过河的渐进式的改革路径，趋向于整体性、系统性、综合性的改革路径与制度设计，这是今后我国农村土地制度改革的一个基本特征和发展方向，对实施乡村振兴战略和建设社会主义现代化国家具有十分重要而深远的意义。

# 第二章　城乡空间规划：新土改的龙头与基础

## 一　武进区土地制度改革的空间战略规划：政策与做法

科学规划、精细布局，用好每一块土地，充分发挥空间规划的龙头与基础作用，是武进区经济发展维持强劲势头的有力保障。统筹武进区空间布局及土地资源利用的相关规划主要有市级层面的土地利用总体规划、城市总体规划，区级层面的国民经济和社会发展第十三个五年规划、土地利用总体规划、永久基本农田划定方案等，乡镇层面的乡镇总体规划、镇村布局规划、土地利用总体规划。此外，为贯彻落实党中央、国务院"加快编制村土地利用规划"要求，武进区以开展中央农村土地制度改革三项试点为契机，按照国土资源部统一部署，深入研究、积极探索，统筹协调推进了全区村级土地利用规划编制工作，研究编制了《常州市武进区村土地利用规划编制导则》。武进区不同空间规划各有侧重，但相互衔接，构成统筹武进土地资源有序利用的空间保障体系。

作为武进区新一轮农村土地制度改革的龙头，武进区的区、乡（镇）、村三级土地利用规划不仅从空间尺度上实现了规划的区域全覆盖，而且从规划方法上实现了"自上而下"与"自下而上"的贯通，在保障区域土地资源统筹布局、精细利用的同时，继承村内事务村民自治的思想，充分尊重和考虑村民的意见，让广大群众的意愿和认知在规划中得以体现。此外，武进的区、乡（镇）、村三级土地利用规划与武进区其他空间规划相互融合，对全区土地进行用途分区，明确划定地块用途，为城乡基准地价体系的制定，尤其是进行农村不同用途土地价格评估、弥补农村地价体系的欠缺，进而建设城乡土地统一市场，奠定了坚实的基础。

### （一）区级层面的空间规划

在区级规划层面，为了更好地贯彻落实科学发展观，促进常州市武进区经济社会又好又快发展，统筹安排各类各业用地，保障土地的可持续利用，依据武进区国民经济和社会发展规划及相关法规文件，编制了《常州市武进区土地利用总体规划（2006—2020年）》。区级规划重视强化土地宏观调控作用，切实保护耕地和基本农田，保障科学发展用地，优化土地利用结构和布局，提高土地节约集约利用水平和综合产出效益，以促进区域经济社会又好又快发展。

区级规划坚守六大原则：（1）严格保护耕地和基本农田原则。严格保护耕地特别是基本农田。实行最严格的耕地保护制度，落实耕地占补平衡制度，并注重提高耕地质量，提高粮食综合生产能力。实现基本农田数量不减少、质量有提高的目标。（2）合理保障社会经济发展用地需求原则。围绕武进区经济社会发展战略和目标，科学、统筹安排各业各类土地利用，按照建设和谐社会的要求，协调各业各类用地矛盾，优化土地利用结构和布局，引导人口、产业和生产要素合理流动，促进土地开发新格局的形成。（3）建设用地总量控制原则。以供给引导需求合理确定建设用地总规模，控制新增建设用地规模和城乡建设用地规模，合理划定城乡建设用地规模边界、城乡建设用地扩展边界和禁止建设用地边界，加强建设用地空间管制。（4）节约集约用地原则。切实提高用地效率，加快各业各类用地由外延扩张向内涵挖潜、由粗放低效向集约高效转变，实现土地利用方式的根本性转变，促进经济结构和经济增长方式的战略性调整。（5）土地的可持续利用原则。统筹协调土地节约利用与地方经济发展的用地需求。从经济社会可持续发展的角度，合理配置土地资源，协调土地利用方式和经济增长方式。（6）强化规划实施保障原则。总结规划实施管理的经验并努力创新，强化土地规划制度建设，落实规划实施的共同责任，提高规划实施的科技水平，保障规划顺利实施。

区级土地利用规划的编制重点落实七个方面的任务：（1）落实江苏省、常州市下达的土地资源保护和利用的调控目标和指标，确定武进区土地利用目标和任务。（2）确定武进区土地利用结构调整和布局优化方案，严格保护耕地，特别是基本农田，保障经济社会发展合理用地需求，提高土地节约集约利用水平，促进全区经济社会协调、可持续发展。（3）协调土地利用和生态环境建设，维持良好的自然人文景观和生态环境。（4）划定武进土地用途分区，建设用地空间管制分区，制定分区管制规则，实行最严格的土地用途管制制度、基本农田保护制度和建设用地总规模控制制度。（5）确定中心城区土地利用的规模、范围、用途和时序。（6）制定差别化的区域土地利用政策，调控和指导各乡镇街道土地利用。（7）制定武进区规划实施保障措施，确保规划目标的顺利实现。

### （二）乡镇层面的空间规划

为积极稳妥推进武进区新型城镇化、生态文明、苏南现代化示范区等建设，武进区开展了镇村布局规划工作，以利于形成基本稳定的城乡空间体系，改善农村基本公共服务、增强乡村特色、提高乡村发展水平，促进城乡一体化健康发展。镇村布局规划在对自然村庄进行分类的基础上，结合原有形态进一步优化镇村布局，并探索新型城镇化理念下武进镇村发展新思路，合理确定重点发展村庄，明确乡村发展的空间载体，提出差别化的建设引导要求，明确配套设施建设标准。同时，为加快农业现代化进程、推进乡村集约建设、引导公共资源配置和公共财政投向、促进城乡基本公共服务均等化提供规划依据。

武进区优化镇村布局规划综合考虑了经济发展、社会服务、文化传承和乡村空间等若干方面要素，统筹安排村庄布点。经济发展方面，研究本地产业的发展潜力，积极发展适宜产业，提高居民就地就业率和收入水平；社会服务方面，规划保留镇村要求实现基本公共服务均等化，公共设施、市政设施和公共交通等方面按照率先基本实现现代化的要求，因地制宜、合理配置；文化传承方面，重点关注具有独特乡风民俗、产业特色和丰富历史文化遗存（包括非物质文化）的镇村；乡村空间方面，重点分析地形地貌（特别是有利于旅游业发展的地形地貌）、区位特点及地域功能特征。

镇村布局规划的编制过程把握五大原则：（1）统筹城乡，尊重规律。以积极稳妥推进城镇化为导向，促进农业转移人口市民化，为合理减少农业从业人员、推动农民致富创造有利条件。尊重乡村演变的自然客观规律，尊重农民的生活、生产意愿，合理确定规划发展村庄，严防一味追求拆并村庄、强推农民集中和上楼。（2）因地制宜，分类指导。根据村庄区位、规模、产业发展、风貌特色、设施配套等现状，在综合分析发展条件和潜力的基础上，因地制宜地开展村庄分区、分类，并提出分类指导建议。（3）注重服务，完善设施。明确各类村庄在公共服务体系中的地位和作用，提出各类村庄基本公共服务配置标准，促进公共服务设施和相关基础设施城乡一体化水平的推进。（4）多规融合，相互协调。优化镇村布局，统筹考虑城乡发展、产业布局、公共资源配置、基础设施建设、基本农田保护、生态环境建设、乡村风貌保护等因素，加强与经济社会发展、土地利用、交通运输、环境保护、旅游发展等相关规划的衔接，增强规划的协调性和实用性。（5）村庄集聚，节约用地。加快推进外围散落乡村向镇区和重点村庄集聚，整理乡村用地，节约用地资源。

在镇村布局规划的统筹下，武进区为进一步贯彻和落实“创新、协调、绿色、开放、共享”五大发展理念，促进新型城镇化发展，实现乡镇经济社会发展目标，落实城市总体规划要求，明确乡镇发展方向，完善镇村布局和基础设施建设，指导乡镇建设和管理，编制了乡镇总体规划。乡镇总体规划重点强调四个方面：（1）“生态优先”，合理确定发展规模、开发强度和保护性空间，加强城乡空间开发利用管制；（2）“以人为本”，以提升城乡发展质量为核心，促进城乡产业发展、改善人居环境、实现基本公共服务的全覆盖和均等化；（3）“城乡统筹”，均衡配置城乡公共资源，引导城乡空间的统筹布局和功能品质的整体提升；（4）“多规融合”，加强城市规划与经济社会发展、主体功能区建设、国土资源利用、生态环境保护、基础设施建设等规划的相互衔接。乡镇总体规划重点研究如何在生态资源综合利用的前提下，通过产业转型升级带动城镇的特色化和可持续发展，加强空间统筹与发展，促进交通体系的构建与完善，以把乡镇建设为生态环境优美、文化底蕴深厚、城镇特色鲜明的宜居空间。

### （三）村级层面的空间规划

为落实党中央、国务院关于做好新时期农业农村工作的系列部署要求，加快编制村土地利用规划，统筹安排农村土地利用各项活动，促进农村土地有序、规范和可持续利用，武进区制定了《常州市武进区村土地利用规划编制导则》，明确了村规划编制的任务、程序、内容、方法及成果要求等，用于指导武进区范围内开展村土地利用规划编制工作。村土地利用规划是乡（镇）土地利用总体规划的重要组成部分，按照“看得见山、望得见水、记得住乡愁”的要求，以乡（镇）土地利用总体规划为依据，坚持最严格的耕地保护制度和节约用地制度，属于详细型和实施型规划。村规划以“多规合一”理念为重点，充分结合村级治理结构的特点，坚持问题导向、目标导向、成效导向，在村域空间内统筹安排耕地保护、村庄建设、经济发展、环境整治、生态保护、文化传承、基础设施建设与社会事业发展等各项用地。

武进区通过编制村级土地利用规划，确定了村土地利用目标，统筹安排村庄建设、农业、生态等各类空间，优化用地结构和布局；落实乡级规划确定的耕地和基本农田保护任务，明确基本农田保护面积和地块，加强耕地和基本农田保护；突出水乡共融、留白增绿，确定生态用地布局和规模，加强生态用地保护；确定村庄建设布局和规模，加强村庄建设的引导和管控；确定宅基地、集体经营性建设用地布局和规模，加强公共服务设施用地、基础设施用地配置；合理配套农田各项生产设施，确定土地整治的规模和目标；制定实施规划的保障措施。

武进区通过村土地利用规划的编制和实施，力图进一步加强土地用途管制，严守耕地保护红线，不断提高节约集约用地水平，夯实农业发展基础，维护农民权益，促进农村经济发展和社会稳定，其主要目标可归纳为以下几个方面：

（1）有力保护农用地特别是耕地。村土地利用规划对各类建设特别是建设占用耕地的控制和引导作用将日益凸显。通过规划编制，全区落实基本农田保护面积 23880 公顷，其中城市周边永久基本农田 2907 公顷，通过规划落实基本农田 20973 公顷。土地用途管制将进一步加强，非农建设占用耕地规模逐步下降，耕地保护的整体效果逐步显现。通过基本农田保护区的划定，将加大农村集体经济组织和农民对农业科技创新以及基础设施建设投入力度，积极改善耕地生产条件，稳步提高农业综合生产能力。

（2）促进建设用地节约集约利用。据调查，2016 年末，武进区外围村庄建设用地约 6891 公顷，其中居住和公共服务设施用地占 66%，产业用地占 34%。至 2020 年，武进区规划外围村庄建设用地约 3274 公顷，规划居住及公共服务设施用地共占 78%，产业用地占 22%。村土地利用规划实施后，外围村庄可节约建设用地 3030 公顷，节地率 48%。通过规划引导，产业用地占比有效减少约 12%，公共设施用地有效增加 12%，最终实现武进区外围村庄用地集约化和用地结构优化。

（3）有序推进美丽乡村建设。结合村土地利用规划编制，研究制定《常州市武进区“美丽乡村”规划与建设导则》，坚持节约用地和盘活存量并重，确定对耕地等自然资源和历史文化遗产的保护，提升乡村文化生活和景观环境整体品质，提高乡村防灾减灾等能力，增加乡村的生态休闲游憩功能，使得居住在自然村中依然从事农业生产以及相关活动的村民，能够享受到与当地经济社会发展水平相适应的人居环境，形成宜居宜业宜游的美丽乡村。根据导则，武进区启动美丽乡村示范村建设，初步形成 3 条美丽乡村风景线，进一步促进农村环境、农业发展、人文特色融合发展。

（4）强化农村生态环境保护与建设。通过编制村土地利用规划，科学指导农村土地整治和高标准农田建设，结合江南水乡山水特点，整体推进山水林田河村路综合整治，发挥大生态综合效益。同时，规划进一步强化对自然保护区、人文历史景观、地质遗迹、水源涵养地等的保护，加强生态环境的修复和治理，逐步改善农村人居环境，鼓励发展农业生态经济，促进人与自然和谐发展。

（5）提升基层依法依规用地意识。在村土地利用规划编制过程中，通过宣传和培训，提高了广大农村基层干部和农民群众依法依规管理和使用土地的意识，为进一步加强农村土地管理奠定了良好基础。村土地利用规划在农村土地管理中的基础和龙头地位逐步形成，相关部门在编制村庄建设规划、农民集聚点规划、美丽乡村建设规划时，在用地规模和布局上更加注意与村土地利用规划的衔接。农民群众参与村土地利用规划编制和规划管理的积极性进一步提高，维护土地权益的意识也进一步增强。

## 二　多规合一、城乡统筹：武进“区镇村”三级规划案例

### （一）区级规划案例

为推进武进区发展，优化资源配置，增强环境承载力，把武进区建成为较高水平的小康社会率先区，武进区区级土地利用总体规划确立了三个土地利用战略重点：（1）加强保护耕地特别是基本农田战略。以加强耕地和基本农田保护和建设为重点，强化农田基础设施建设，改善耕地生产条件，提高耕地质量。以“万顷良田”建设工程为契机，加大农村土地综合整治力度，严格落实基本农田保护任务，提高基本农田质量。（2）统筹区域土地利用以构建常州南部新城区战略。通过规划引导和控制，重点保障中心城区、江苏省武进高新技术产业园区、江苏省武进经济技术开发区、西太湖和太湖湾等重点发展区域用地供给，同时兼顾各镇发展的用地需求。大力推进城镇、工矿和农村居民点整合，统筹城乡基础设施建设用地供给，促进城乡用地一体化格局的形成。（3）加强生态环境建设以保障土地可持续利用战略。加强环太湖、环滆湖等重点区域生态建设，强化建成区绿地规划和建设。在土地利用中实施环境友好型土地利用模式，在保障经济社会发展的同时，有效保护土地资源，形成土地供给良性循环机制，实现土地可持续利用。改善生态环境，促进经济增长方式转型和资源节约型社会形成，促进经济社会

又好又快发展。基于以上战略部署，武进区制定2006—2020年土地利用总体规划的重点内容主要包括以下方面。

1. **用地结构调整与布局优化**

规划期内，武进区严格落实上级下达的耕地和基本农田保护任务，加大耕地和基本农田建设投入，合理利用低丘缓坡园地，稳定林地面积，推进“万顷良田”建设和农用地整理，适度压缩其他农用地。按照新增建设用地集中布局、存量建设用地内涵挖潜、建设用地总量理性增长的原则，控制建设用地总量，适度扩大城镇工矿用地规模。保障重点发展区块和重点项目用地。集中安排中心城镇和重点城镇，建设中心村，缩并零星自然村，提高建设用地节约集约利用水平。在保护土地生态环境的前提下，适度开发未利用地，拓展经济发展与生态环境建设用地空间。

土地利用布局优化方面，优先安排生态用地，保证生态系统的完整性。形成基本的国土生态屏障，维护和改善区域生态安全格局。鼓励建设用地与水体、农用地穿插布局，构建城乡绿色空间，营造人与自然和谐相处的环境；合理保障农业生产用地，落实耕地和基本农田保护任务。在避让重要生态用地的前提下，优先把优质耕地划入基本农田，协调好各类建设用地与基本农田的空间布局关系。按照质量有提高、布局总体稳定的总体要求，合理调整耕地、基本农田布局，促进耕地、基本农田布局集中；统筹安排各类建设用地，优化建设用地空间布局。优先保证交通、水利、能源等重点基础设施建设项目用地，确保近期城镇建设、工业发展等重点区域的用地，形成城镇紧凑发展、工业园区集中发展、农村居民点集聚发展的城乡建设用地分布格局。

2. **空间分区及管制**

（1）土地用途分区

土地用途分区是在分析现有土地利用情况的基础上，以各用途用地统筹安排为导向，针对土地利用规划各用途用地安排而进行的土地用途区划分。分区的原则包括：体现区域发展战略原则、用途相似原则、保护耕地原则、集约用地原则。武进区土地用途分区从人地协调及可持续发展的角度出发，确定空间开发保护的内涵，明确各用途区的土地主导用途，制定土地用途分区管制规划，为武进区调节各用地区的用地时序、规模和布局提供依据，从而促进经济社会和生态环境目标的实现。根据武进区土地利用方向、主导用途及保护和管理措施相对一致性原则，结合土地利用现状、土地适宜性、国民经济和社会发展需要，按照土地主导用途将全区分为六种土地用途区，即基本农田保护区、一般农地区、城镇村建设用地区、生态环境安全控制区、自然与文化遗产保护区和林业用地区。

（2）建设用地空间管制

为强化城乡建设用地空间管制，将中心城区、城镇、集镇、中心村等城乡建设用地划定允许建设区、有条件建设区、限制建设区和禁止建设区。城乡建设用地扩展边界，与区域总体规划远期发展边界相衔接，用于城、镇、村规划建设用地布局的调整，以应对城乡建设发展的不确定性，增加规划的弹性。建设用地空间管制分区尽量以道路、河流、山体等明显标志物为范围界线。

（3）镇（街道）土地利用管制

武进区下辖2个街道14个镇，其中，湖塘镇为中心城区，西湖街道、南夏墅街道分别作为经发区和高新区所在行政区域，为重点发展镇（街道）。遥观镇、郑陆镇、横山桥镇、横林镇工业基础比较雄厚，同时考虑到常州市东部开发对四镇的影响，将其列为重点发展镇（街道）。牛塘镇地处中心城区、经发区、高新区接合部，也为重点发展镇。其余为一般发展镇（街道）。将常州市下达的耕地保有量、基本农田保护面积、建设用地规模等土地利用控制指标分解至各镇（街道）。

乡镇土地利用的具体管制以湟里镇为例，湟里镇位于南环路中段的新区商业中心，规划中远期将成为湟里乃至辐射周边城镇的主要商贸服务中心；位于湟里镇区内金湟河两侧，以新街为主，形成次商业中心。位于金鼎路以北，在现有金鼎工业城的基础上拓展形成工业园区，也是中近期湟里工业用地的主要发展方向，并配置适当的绿地广场。金湟河南建商贸居住生活区。居住区向东、向南发展。工业区向东、向北发展，相对集中。

**3. 农用地保护与利用**

规划明确切实保证耕地保有量目标、严格控制新增建设用地占用耕地、合理引导农用地结构调整、努力完成耕地补充任务。加强基本农田保护与建设，以保护优先、保障发展为原则，科学划定基本农田保护区范围，落实基本农田保护责任。将城镇村规划建设范围内的基本农田调出，将集中连片的优质耕地划为基本农田，便于有效保护和开展农业基础设施建设。严禁违法占用基本农田，不得擅自改变基本农田用途，符合法律规定确需占用基本农田的非农建设项目，必须按法定程序报国务院批准农用地转用和土地征收，并按照有关规定，补充同等数量的基本农田，且补充的基本农田质量不低于被占用的基本农田。

**4. 建设用地开发与管控**

规划明确严格控制建设用地增长、统筹安排城乡建设用地，并规定具体做好以下工作。

（1）开展城镇建设用地整合。有机整合城镇建设用地，挖潜城镇存量土地。积极开展城中村整治改造，按城镇居住区标准统一规划建设，集中兴建居民住宅小区，鼓励建设多层和高层的农民公寓，促进城中农村居民点用地逐步转化为城市社区。优化城镇用地空间结构，牛塘镇、遥观镇和南夏墅街道加强原有城镇改造力度，逐步融入中心城区。其他各镇尽快解决由于行政区划调整带来的多镇区问题，集中建设新镇区。

（2）促进工业用地整合集聚。加快工业向武进高新技术产业开发区、江苏武进经济技术开发区以及各镇工业集聚区等开发园区集聚。统筹开发园区布局，整合开发园区资源，形成布局合理、结构优化、集群发展的开发园区体系。鼓励建设多层、高层标准厂房，提高工业功能区的容积率。

（3）大力开展农村居民点整治。结合城镇用地、交通枢纽用地、农业用地和生态用地的布局，分层次整治农村居民点用地，合理安排农村建设用地。严格控制新增农村居民点用地规模，加快旧村、空心村搬迁治理，推进分散农村居民点的适度集中，促进人口城镇化与土地城镇化相协调。对规划保留的中心村、规划改造的基层村，根据发展基础和区位条件，因地制宜地采用农民公寓、新型农村社区等模式，合理安排公共服务设施用地，建设生态文明、生产科学、生活富裕的社会主义新农村。

（4）保障社会主义新农村建设必要用地。合理安排新村镇用地，加强农村宅基地管理，优先安排闲置宅基地和闲置工矿用地作为新农村建设用地；按照社会主义新农村建设要求，保障农业生产、农民生活所需的建设用地，建成基础设施完善、公益设施配套、生态环保的现代化新农村。

**5. 生态环境保护与建设**

（1）“环境友好型”的土地利用模式

规划期内，常州市武进区的土地利用按照生态城市的标准科学利用土地，调控城镇建设用地规模与布局，推进有序的城镇化和工业化，统筹安排交通、水利等基础设施，充分保证环滆湖区域、环太湖区域、横山—舜山、竺山—鹁鸪山、主要河流和道路两侧绿化带以及城市大型绿地的生态用地需求，并根据武进区土地利用特点，明确环境友好型土地利用模式的主要内容。

（2）促进土地利用与生态环境建设相协调

全区土地利用划分为四个类型的生态功能区，即生态控制区、生态协调区、引导建设区和生态改进区。科学调整土地利用结构，优化用地布局，特别保护重要生态用地，构建基本的国土绿色屏障，促进土地利用与生态环境建设相协调。严格控制建设、土地整治等行为占用生态敏感区用地，逐步清退生态敏感区内建设用地，城镇与交通用地周围适度增加绿化、景观用地，确保生态用地特别是重要生态用地数量不减少。

**6. 中心城区及重大工程规划**

武进区的湖塘镇作为常州市发展的南部新城区，积极融入常州市中心城区经济社会发展的主体建设中，打通常州市发展的南部通道。

常州市武进区中心城区规划控制范围为湖塘镇镇域，规划中心城区将以目前的主要建成区为基础，向周边延伸，合理布局商业、居住、行政、文教、产业等用地。规划期内，武进区中心城区将建设成为一个现代化的科教文化区、新型工业区、商贸服务区、生态居住区、观光休闲区。规划期内，在中心城区建设用地控制范围线内，全面整合传统工业区，加快旧城改造，全面改善建成区环境和基础设施。规划期内，中心城区划分为允许建设区、有条件建设区、限制建设区和禁止建设区。规划土地利用重大工程，如土地整治重点工程、生态环境建设重点工程、重大基础设施建设工程，进行土地利用的详细安排。

### （二）镇级规划案例

以武进区湟里镇为例。湟里镇是“两湖地区中心，以自然、人文资源为载体，以先进制造业为基础的苏南地区重要的特色城镇”。湟里镇总体规划的编制与实施深入贯彻了党的十八大、十九大及中央城市工作会议精神，认真落实“创新、协调、绿色、开放、共享”的发展理念，认识、尊重和顺应小城镇发展规律，按照新型城镇化和城乡发展一体化要求统筹做好湟里镇规划、建设和管理工作，注重引导发展方式转变，努力把湟里镇建设成为环境优美、特色鲜明、社会和谐的小城镇。

《常州市武进区湟里镇总体规划（2006—2020）》规划范围包括湟里镇所辖的全部行政地域，总用地面积87.56平方公里。规划编制与《常州市城市总体规划（2011—2020年）》空间管制要求、《常州市武进区发展战略规划暨城市总体规划》空间布局要求、《常州市武进区土地利用总体规划（2006—2020）》等相互衔接。湟里镇总体规划确定湟里镇域人口规模为10.8万人，其中城镇人口6.97万人，城镇化水平为65%，符合湟里镇发展实际，将湟里镇功能定位为“商埠古镇、工贸重镇、滨湖名镇”，指导湟里镇未来的发展方向。规划遵循了“生态优先、产业升级、特色挖掘、功能集聚、文化彰显”的发展战略，结合湟里自身特征，以武进经发区为发展平台，找准城镇定位，挖掘产业特色、人文底蕴和生态禀赋，形成“产、城、人、文”四位一体、有机结合的城乡空间格局，形成了“双心四区、两脉四轴”空间结构和“三区三园三片”的产业布局结构。

1. **用地结构调整与布局优化**

规划期间，将南环路中段的新区商业中心打造成主要商贸服务中心，将金湟河两侧的新街打造成次商业中心，在金鼎路以北拓展形成工业园区，在金湟河以南重点建设居住生活区。规划至2020年，耕地保有量为4666.67公顷，基本农田保护面积4104.60公顷，建设用地总规模控制在1856.17公顷以内。城镇建设用地是湟里城镇发展和建设的核心区域，包括湟里镇区、东安片区、村前片区等，规划明确调整城镇用地布局和结构，湟里镇区注重能级提升，完善配套设施，东安片区以产业配套为主，村前片区以滨湖旅游为导向，提升环境品质，武进经发区启动区注重产业发展定位和空间规模。

2. **空间分区与管制**

（1）禁建区

落实《常州市城市总体规划（2011—2020）》禁建区要求，禁建区主要包括铁路、国省道、主要公路和主要河道两侧的绿色廊道以及镇域重要水域，禁建区面积1877公顷，占总用地面积的21.44%。除经过论证允许进行的适当建设之外，原则上禁止与历史文化保护与生态建设无关的建设行为。禁止可能导致农业污染、土地环境破坏的建设活动。强化山体保护与修复，禁止随意填埋主要河流水域，保持水域面积总量，同时以疏浚等整治措施改善水环境质量。

（2）限建区

限建区面积5316公顷，占总用地面积的60.71%。主要包括城镇发展备用地、耕地农田等。控制用地规模，允许满足条件的农村居民点的新建改建行为；农田主要用于农业生产及直接为农业生产服务使用。预控重大基础设施用地，预留城镇发展空间，引导分散的产业空间向产业园区集聚。

（3）适建区

适建区面积482公顷，占总用地面积的5.51%，主要位于湟里镇区、东安片区、村前片区、特色产业片区。主要包括城镇建设用地、重大交通及基础设施建设用地等。城镇建设用地应向镇区、园区集中，合理控制城镇建设用地的规模与发展方向，集约利用土地资源。重大交通及基础设施建设用地应长期预留控制，不得挪为他用。

（4）已建区

已建区面积1081公顷，占总用地面积的12.34%，主要位于湟里镇区、东安片区、村前片区、特色产业片区。管制要求主要是继续优化布局，整合用地。

3. **镇域空间结构规划**

镇域范围内构建“双心四区、两脉四轴”的总体结构体系，推进城镇体系结构的优化和城乡统筹发展。“双心”分别为城镇综合中心、园区培育中心。城镇综合中心是湟里镇域服务中心、商业中心，园区培育中心是武进经发区主要载体、创新产业级新平台。“四区”是镇域内四个主要的功能片区，分别为湟里综合片区、东安产业片区、村前旅游片区、特色产业片区。湟里综合片区以小城市标准积极打造两湖地区中心载体，东安产业片区加快转型升级，村前旅游片区作为滨湖旅游的重要节点，特色产业片区作为武进经发区的主要载体积极发展生态型创新产业。“两脉”是镇域内两条功能轴线，分别是北干河生态人文脉、孟津河郊野休闲脉。“四轴”是指 S239 城镇交通轴、S263 滨湖景观轴、南环路产业发展轴、花海大道区域联系轴。

**4. 镇村产业布局规划**

产业体系形成“先进智造 + 农旅休闲 + 商贸流通”融合驱动新模式。坚持走新型工业化道路，升级民营企业、壮大新兴产业、培育大型企业、提升创新开放、推动企业整合，注重“制造 + 智能”“制造 + 网络”“制造 + 服务”的集群式、现代化发展。更加注重休闲旅游为主导，加快现代农业与观光游憩、商贸流通的复合联动发展，推动六次产业发展。湟里镇产业空间布局规划形成“三区三园三片”的总体结构。“三区”是指三个服务业发展区，包括湟里商贸服务区、东安产业服务区、村前休闲服务区。“三园”是指三大产业园区，包括机电智造产业园、现代科技产业园、机械智造产业园。“三片”是指三大特色片区，包括东部的创新特色片区、西部的特色田园农业片区以及滨湖生态片区。

### （三）村级规划案例

以湟里镇西墅村为例。西墅村土地总面积 641.82 公顷，2014 年土地利用现状如图 2 - 1 所示。其中，农用地 346.51 公顷，占土地总面积的 53.99%；建设用地 255.06 公顷，占土地总面积的 39.74%；其他土地 40.25 公顷，占土地总面积的 6.27%。西墅村建设用地供需矛盾突出，各类各业用地需求因经济发展明显加大，镇区用地需求旺盛，农村居民点数量多、规模普遍较小，有待整合，统筹城乡建设用地任务艰巨。西墅村地理位置优越，自然条件较好，土地性状稳定，农田基础设施配套程度高，土壤肥沃，适宜农作物生长。

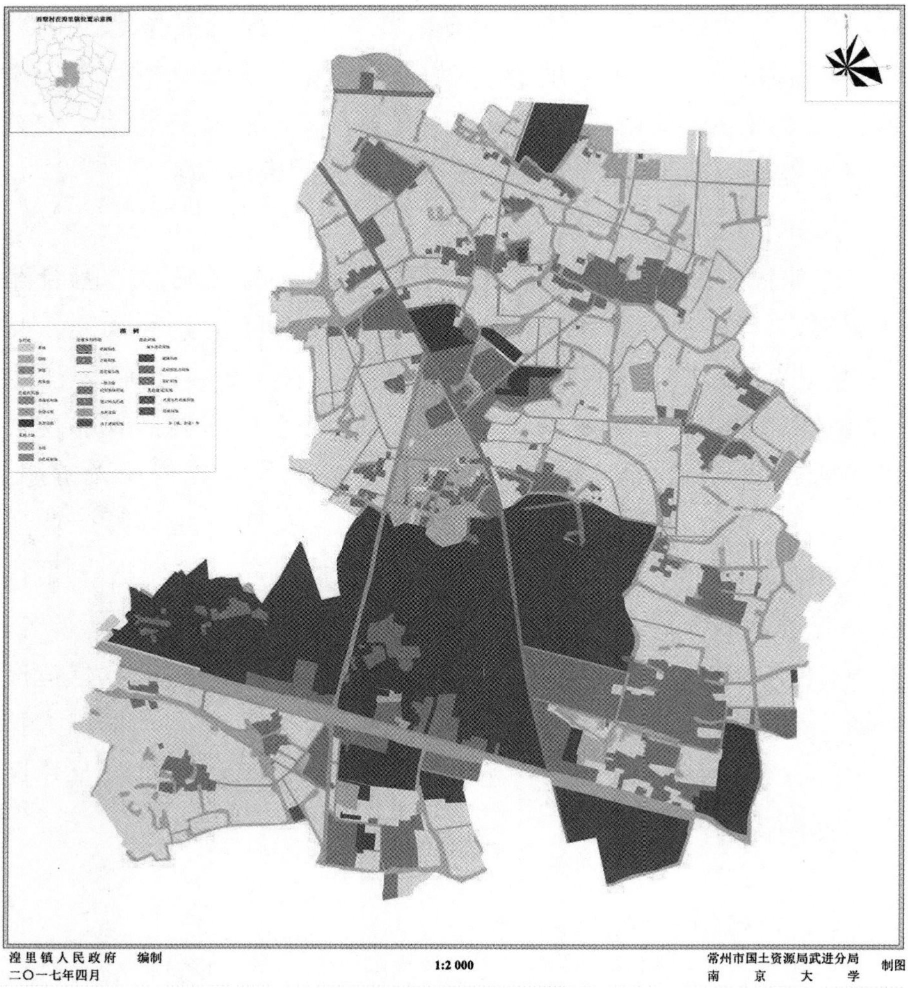


图 2－1 西墅村土地利用现状（2014 年）

《湟里镇西墅村土地利用规划（2015—2020 年）》（以下简称《规划》）以党的十八大精神为指导，深入落实“科学发展观”，贯彻“五个统筹”的要求，坚持“十分珍惜、合理利用土地和切实保护耕地”的基本国策，坚持最严格的耕地保护制度，统筹安排各业用地，以节约集约用地为重点，创建经济高效、资源集约、环境友好的土地利用前景。规划范围为湟里镇西墅村行政管辖区域，规划期限为 2015—2020 年。

1. **规划主要调控指标**

西墅村按照国家、江苏省、常州市和武进区的要求，严格落实湟里镇下达的土地利用规划控制指标，保障科学发展用地。农用地保护方面，规划期末耕地保有量为 289. 30 公顷，基本农田保护面积为 190. 67 公顷。建设用地控制规模方面，控制规划期末建设用地总规模为 260. 78 公顷，其中城乡建设用地规模 251. 76 公顷，新增建设用地规模 11. 52 公顷。在土地集约利用上，西墅村在规划期内将限制人均农村居民点用地由 244 平方米/人降至 200 平方米/人，而农村宅基地面积人均不超过 30 平方米，户均宅基地不超过 140 平方米。

2. **土地利用结构调整**

首先，严格落实武进区湟里镇土地利用总体规划下达的各项约束性总量指标：耕地保有量、城乡建设用地规模等。其次，落实武进区湟里镇土地利用总体规划下达的各项预期性总量指标：园地、林地、牧草地、城镇工矿用地、农村居民点用地、交通水利设施用地、其他建设用地等。最后，结合近年来土地利用变更调查信息和规划土地利用布局优化方案，预测规划期内其他农用地与其他土地面积。经测算与比较，最终确定西墅村规划期土地利用格局如图 2 - 2 所示，其中西墅村规划期末基本农田保护区面积 190. 67 公顷，占全村土地总面积的 29. 71%；一般农地区面积 145. 03 公顷，占全村土地总面积的 22. 60%；城镇建设用地区面积 163. 56 公顷，占全村土地总面积的

25.48%；村庄建设用地区面积33.20公顷，占全村土地总面积的5.17%；村庄建设控制区面积5.80公顷，占全村土地总面积的0.90%。村庄空间管制方面，规划村域允许建设区为260.78公顷，其中村庄允许建设区33.20公顷，占土地总面积的5.17%，均为农村宅基地；村域有条件建设区17.94公顷，占全村土地总面积的2.80%。

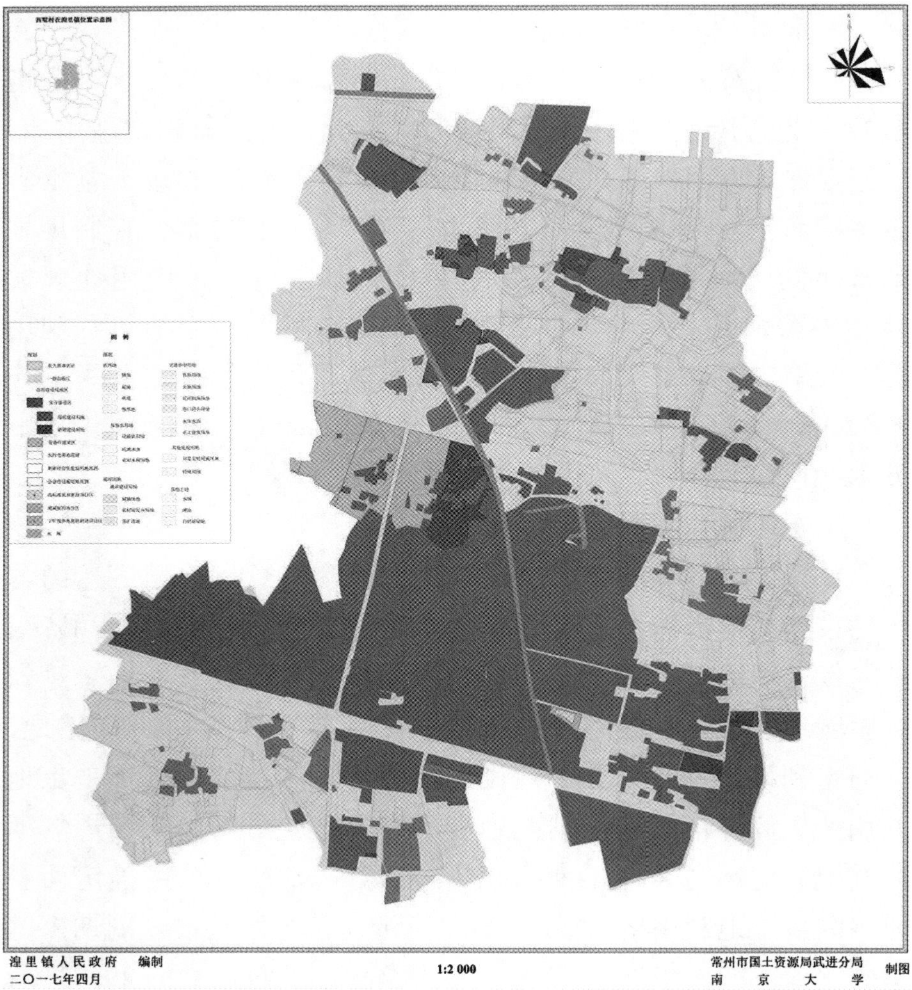


图2－2 西墅村土地利用规划（2015—2020年）

### 3. 耕地和基本农田保护

严格控制非农建设占用耕地。强化对各用途非农建设占用耕地的控制和引导，建设项目选址加强用地评价和多方案比较论证，尽量少占或不占耕地，确需占用耕地的，必须等质等量足额补充。2015 年至 2020 年，西墅村新增建设用地占用耕地规模控制在 8.41 公顷以内。合理引导农业结构调整。农业结构调整要因地制宜，尽量选择耕地以外的其他农用地，用于发展水产、畜牧业、林业等。要通过经济补偿机制、市场手段引导农业生产结构调整向有利于增加耕地的方向进行。

规划期内，本着“确保数量，提升质量，稳定布局”的方针，严格落实上级下达的基本农田保护任务。西墅村实际落实基本农田 190.67 公顷。西墅村基本农田主要分布在村域西南部和东北部区域。以 2014 年土地利用变更图为底图，永久基本农田范围以外，将零星分散并能通过土地整治形成连片、质量提高快的耕地或者质量和集中连片程度相对较好的耕地划入基本农田整备区，将在规划期内通过土地复垦整理开发能够转变为优质耕地的农用地、建设用地区域划入基本农田整备区。规划期内，在基本农田整备区内积极开展高标准基本农田建设、城乡建设用地增减挂钩、工矿废弃地复垦开发、省级以上投资的土地复垦整理开发项目建设，促进耕地数量和质量的提升，以达到永久基本农田建设标准，进而能够实现西墅村永久基本农田动态平衡。

在设施农用地管理上，正确界定设施农用地范围，将必要的生产设施用地、附属设施用地及配套设施用地纳入设施农用地管理。合理控制设施农用地规模，严禁超出规模建设各类设施。各类畜禽养殖、水产养殖、工厂化作物栽培等设施禁止占用基本农田。从事规模化粮食生产涉及的配套设施建设，选址确实难以安排在其他地类上、无法避开基本农田的，必须按照数量相等、质量相当的原则和要求先行予以补划。

**4. 农村土地综合整治**

规划期内，西墅村将按照城乡统筹发展和社会主义新农村建设的要求，围绕“富裕乡村、满意乡村、文明乡村、美丽乡村、和谐乡村”的目标，深入开展农村土地综合整治，推进高标准基本农田建设、城乡建设用地增减挂钩、工矿废弃地复垦利用，优化农村土地利用结构和空间布局，积极推进土地整理复垦开发，促进农村建设用地集约利用和农村经济可持续发展。城乡建设用地增减挂钩项目区主要是分布零散的村庄。2015 年至 2020 年，预计城乡建设用地增减挂钩项目拆旧面积 5.52 公顷，补充耕地面积 4.96 公顷。工矿废弃地复垦利用项目区主要位于村集体所有的采矿用地，预计工矿废弃地复垦利用项目拆旧面积 0.28 公顷，补充耕地 0.25 公顷。

**5. 与相关规划衔接和协调**

秉承多规合一的思想，西墅村土地利用规划的编制保证了与《湟里镇土地利用总体规划（2006—2020 年）》调整完善的衔接。《湟里镇土地利用总体规划（2006—2020 年）》调整完善对《西墅村土地利用规划（2015—2020 年）》在用地指标和用地布局上具有宏观指导作用。规划编制期间，《西墅村土地利用规划（2015—2020 年）》与《湟里镇土地利用总体规划（2006—2020 年）》在四个方面进行了有效衔接：（1）西墅村在指导思想、原则、区域功能定位上与湟里镇保持一致。（2）西墅村在规划基础数据上与《湟里镇土地利用总体规划（2006—2020 年）》调整完善相一致，在土地利用安排上落实《湟里镇土地利用总体规划（2006—2020 年）》调整完善对西墅村的指标控制和宏观调控要求。（3）主要建设用地布局。西墅村规划建设用地布局完全继承湟里镇对西墅村建设用地空间的布局控制，在此基础上，通过城乡建设用地增减挂钩、工矿废弃地复垦利用等途径进行流量指标的用地布局。（4）《湟里镇土地利用总体规划（2006—2020 年）》调整完善提出了用地集约化、布局规模化、发展生态化的土地利用结构调整与布局优化方案，对《西墅村土地利用规划（2015—2020年）》具有直接的指导和约束意义。

《西墅村土地利用规划（2015—2020年）》编制过程中，亦尽量做到了与镇村布局规划、村庄规划、生态规划、农业规划等空间相关规划的协调。通过流量建设用地的布局达到与村庄规划的用地布局一致。通过召开收集资料、座谈会、征求意见等形式与相关部门进行协调。协调后，交通用地规模、生态用地规模及空间布局基本能够满足相关规划的主要用地需求，规划建设用地避开了生态敏感区域。

## 三　城乡融合发展的政策工具：武进区空间规划的经验

空间规划是调整土地结构、促进土地资源优化利用的战略工具。20世纪90年代至今，武进区经济增长迅猛，大规模的农用地转为非农建设用地，城市面积不断扩张。但农用地数量不仅关乎国家粮食安全，更承载着我国的生态安全，以及农民的钱袋子，因此如何在土地供需矛盾日渐加剧，农地与非农地收益差距巨大的社会发展环境中实现土地资源的最优配置成为社会关注的重要问题。在空间规划的实施管理中，需注重空间规划的资源配置、调控利用的导向作用，充分考虑不同空间尺度、不同地区的特征差异，有机结合“政府调控+市场经济”模式，纠正市场失灵、减少外部性，综合考虑城乡空间内各类用地空间结构的融合开发利用，不断实现土地资源在新型城镇化过程中的结构优化、空间释放和存量盘活，以达到土地资源优化利用目标。城乡空间规划作为武进区新土改的龙头和基础，已逐步成为政府融合城乡发展的有力工具和政策手段。城乡空间规划助推武进新土改进程中的作用和经验，可从以下几个方面窥见一斑。

### （一）科学认识空间规划对土地发展权的调配作用

空间规划是土地发展权配置的重要手段。土地发展权的调整与分配隐含的是经济的发展空间，在过去快速城镇化的几十年，土地发展权被集中配置给了城市，农村的土地发展权被限制甚至剥夺，是国家对土地变相的行政性垄断，因为巨大的利益驱动，引发政府大规模的“圈地运动”和非法的隐性流转，另外，也造成了城乡差距进一步拉大，城市发展后劲不足等问题。“多规合一”形成的空间规划将不仅注重成本和效益，还将综合考虑规划的公平和农村发展的权利，土地发展权也将从城市逐步让渡给农村，依据空间规划，设定土地发展权的规模和范围，使农村集体土地可以在法律框架内转变土地用途和流转，这将是未来农村发展的重要驱动力。

### （二）空间规划融合城乡发展，助推乡村振兴

我国的城市快速发展得益于对农村“剪刀差”式的发展模式，土地权利和经济利益被大量输送给城市，农村因此不断衰退，造成“空心村”问题、农业经营零散等问题突出，形成当前“衰而未亡”的局面。但是，问题的核心在于城市与乡村是一个有机体，二者均应实现可持续发展，彼此相互支撑。政策制定者及研究人员亟须关注乡村发展，要改变以往重城轻乡的观念和做法，重点是制定科学的空间规划，有利于农业经营规模化，实现规模报酬；有利于保障农民合法的土地权利和经济利益；有利于改造基础设施体系、产业体系，实现乡村现代化，最终助推乡村振兴。

### （三）空间规划是保护耕地和生态环境的重要保障

空间规划是推动耕地保护和生态文明建设的重大举措。耕

地和生态环境保护是各国实施可持续发展战略的焦点问题，我国更是将其确定为基本国策。但是强硬的行政手段并未遏制耕地不断流失和生态环境持续恶化的趋势。我国当前正处在经济转型的关键发展时期，面临着体制的不健全无法应对资源环境可承载力接近或已达上限的挑战，耕地、人口、环境的限制压力日益加剧。“多规合一”改革形成的空间规划体系的重要工作任务就是坚持底线原则，科学划定生态保护、永久基本农田保护、城市开发边界三条红线，侧重控制线落地和开发强度管控，避免过度开发和无序开发，将会真正化解中央与地方的矛盾，平衡保护与发展的关系，有利于国家保护耕地、维护粮食安全以及从源头扭转环境恶化趋势，促进生态环境可持续发展目标的实现。

### （四）政策创新为城乡空间规划融合创造条件

武进区在新土改背景下，坚守以民为本、土地节约集约利用原则，牢牢把握统筹协调这一关键，注重与武进经济社会发展大局、上位规划、农村土地制度改革等有机结合。加强与相关业务部门沟通协调，将规划成果与部门业务进行对接，不断完善规划成果，提升多规融合深度。同时，按照“群众点菜，政府下单”的思路，村民根据生产、生活需要，提出村庄居住、产业、基础设施、公共服务等用地需求和建议；政府根据群众需求，结合海绵城市、绿色建筑设计理念，统筹安排用地类型、布局和时序，真正以群众需求为导向开展土地利用规划编制。

武进以开拓者的精神不断探索政策制度改革，科学规划引领城乡发展。在遵守现有村庄规划、农村土地利用现状调查基础上，结合村土地利用实际，围绕村集体建设用地，探索适用于村土地规划管理的村土地规划用途分类，有效发挥村规“管地”“用地”的作用。并提出尝试村规划实施中基本农田滚动补充，突破现有永久基本农田一经划定后就难以补划的政策约束，将村土地利用规划实施过程中，经土地整治后的优质耕地滚动补充为基本农田保护区，更科学合理地实现基本农田建设任务。

下一步，武进区将继续按照中央决策部署，全面贯彻落实好党的十九大会议精神，深入完善城乡空间规划体系，全面加快武进区各级土地利用规划编制和实施，优化城乡用地结构，提升城乡土地节约集约利用水平，为深化改革增添动力，为试点创新激发活力，为实现城乡融合发展、全面建成小康社会做好服务和保障。

# 第三章　集体建设用地市场化资本化：经营性用地改革突破口

2013 年党的十八届三中全会在《中共中央关于全面深化改革若干重大问题的决定》中提出，要“建立城乡统一的建设用地市场。在符合规划和用途管制前提下，允许农村集体经营性建设用地出让、租赁、入股，实行与国有土地同等入市、同权同价”。这是市场在土地资源配置中起决定性作用的重要体现，也是保障农民平等参与改革发展进程、共同享受改革发展成果的主要手段。习近平总书记在党的十九大报告中指出，使市场在资源配置中起决定性作用，经济体制改革必须以完善产权制度和要素市场化配置为重点，实现产权有效激励、要素自由流动、价格反应灵活、竞争公平有序。2016 年 9 月，根据中央深改组的最新要求和国土资源部的统一部署，武进区作为 15 个宅基地制度改革试点地区之一，允许开展农村集体经营性建设用地入市改革试点。武进在集体经营性建设用地入市改革方面积极探索、勇于创新、敢于突破，取得了丰硕成果。

## 一　武进农村集体经营性建设用地入市：“八个率先”的政策考量

常州市武进区作为农村土地制度改革试点地区，近年来按照三项改革试点的新要求，集中出台了集体经营性建设用地入市管理办法、入市土地收益调节金征收和管理暂行办法、入市增值收益分配管理办法等改革试点纲领性文件，率先进行了多方面的有益探索。

### （一）率先编制了空间全覆盖的规划体系

土地利用总体规划是在一定区域内，根据国家社会经济可持续发展的要求和当地自然、经济、社会条件，对土地的开发、利用、治理、保护在空间上、时间上所作的总体安排和布局，是国家实行土地用途管制的基础。我国土地利用总体规划主要采用的是国家、省、地市、县和乡镇级五个层面的土地利用总体规划，上下级规划必须紧密衔接，上一级规划是下级规划的依据，并指导下一级规划，下级规划是上级规划的基础和落实。

武进农村土地制度改革以区、镇土地利用总体规划确定的各项土地约束性指标为基础，制定了分区域、全覆盖的规划管理办法，编制完成了《武进区发展战略规划》《武进区镇村布局规划》和各镇总体规划，合理划定了城镇、村庄建设用地边界。根据批准的镇土地利用总体规划，全区各镇全面完成了村庄规划编制审批工作，部分乡镇高起点、高质量地开展了村土地利用规划编制试点工作，率先构建了具有一定科学性、前瞻性的“区—镇—村”三级规划体系，实现了真正意义上的空间全覆盖和规划体系全覆盖，为农村土地制度改革试点顺利开展奠定了基础，

农村地区长期缺乏合理的规划，特别是武进撤市设区以来，乡村规划得不到城市规划的认可，农村建设布局散乱、用地粗放低效、公共设施缺乏、乡村风貌退化等问题进一步加剧。试点以来，武进区坚持以“规划引领管控、分级推进实施”为改革方向，创新制定村庄用地、农民建房的“总控”和“双控”标准，结合定位、定性、定规模，区、镇、村三级联动全面完成村庄规划编制和审批工作，实现空间规划全覆盖。同时，以

镇为单位探索编制村土地利用规划，融入海绵村庄和绿色循环等规划要素，引入产城融合、特色小镇模式，实现村级规划编制、管控和实施“一张图”，在农村地区率先实现了“多规融合”。在2017年5月9日召开的全国村土地利用规划编制工作现场会上，武进代表江苏作了典型发言和经验交流，受到国土资源部的充分肯定。通过严格规划管控、分期分批推进，为武进区城乡基础设施建设、特色产业发展预留了空间资源，为特色田园乡村建设提供了现实模板，为广大农村地区科学实施规划管控提供了有益借鉴。

### （二）率先建立了城乡全覆盖的基准地价体系

基准地价是指对现状利用条件下不同级别或不同均质地域的土地，按照商业、居住、工业等用途分别评估法定最高年期的土地使用权价格，并由市、县及以上人民政府公布的国有土地使用权的平均价格。

根据国土资源部《关于进一步加强城市地价动态监测工作的通知》（国土资发〔2008〕51号）和江苏省国土资源厅《关于全面建立全省城镇地价季度动态监测与基准地价更新制度的通知》（苏国土资发〔2007〕146号）等文件要求，针对农村集体经营性建设用地和宅基地没有科学合理的入市和有偿使用价格形成机制的情况，武进区率先在“两规融合”基础上编制完成了城乡一体化全覆盖的基准地价体系，并于2017年2月通过江苏省国土资源厅验收。该基准地价评估基准日为2017年1月1日；其土地使用年限按法定最高土地出让年限（即商服用地40年、住宅用地70年、工业用地50年）来设定。

武进区城乡一体化建设用地基准地价成果为政府规范土地交易行为、宏观调控地价水平、制定地价政策、征收土地税赋提供科学依据，为社会中介机构准确评估宗地价格提供参考，也为企业投资、银行放贷等决策提供较为客观真实的市场价格，有利于全区经济的健康、稳定、持续发展。目前该成果已广泛应用于武进农村集体经营性建设用地入市、宅基地有偿使用与退出、集体土地征迁安置补偿价格评估等工作中，为武进区统筹协调推进农村土地制度改革三项试点、建立城乡统一的建设用地市场，为农村集体经营性建设用地入市地价的确定提供了科学依据，理顺了价格形成机制，从而实现了农村集体经营性建设用地与国有建设用地同权同价。

### （三）率先开展了集体与国有土地的同网交易

在江苏省国土资源厅的大力支持下，武进成功开发了集体经营性建设用地使用权网上交易平台，与全省国有建设用地网上交易系统同网运行。2017 年 3 月，武进区礼嘉镇蒲岸村的集体经营性建设用地，首次以网上交易的形式在江苏土地市场网挂牌出让并顺利入市，率先实现了集体建设用地与国有建设用地在统一的网上竞价原则下公开招拍挂交易。目前，武进区一级市场的工业和商业用途集体经营性建设用地出让、租赁、作价出资入股等，均已全部实现网上交易；二级市场的工业和商业用途集体经营性建设用地转让、抵押等，也已全部实现网上汇总统计。

集体经营性建设用地使用权网上交易系统的建立运行，是运用科技信息手段提高集体经营性建设用地市场管理和监督水平的重要举措，对建立公开、公平、公正的市场环境、降低交易成本、优化投资环境、提高土地交易增值收益、加强内部监管、强化社会监督、推进党风廉政建设具有重要作用，其将进一步规范武进土地权利交易行为，促进政府调控与市场配置资源的有机结合，有效维护土地资源的集体所有权益，促进集体经营性建设用地管理的科学化、规范化和信息化。

### （四）率先实现了资本市场上集体与国有土地的同权同价

武进积极推动财务制度规范、符合 IPO 条件的优质企业参与农村土地制度改革，鼓励其以改革试点允许的出让方式取得集体经营性建设用地使用权后，在主板上市或新三板挂牌。通过创新整合运用低效产业用地再开发政策和农村土地入市改革的授权政策，武进区遥观镇对产出效益低的集体经营性建设用地进行收储后，以协议方式将集体经营性建设用地使用权出让给江苏雷利电机有限公司，并通过了中国证监会审核，实现了集体建设用地与国有建设用地在国内资本市场同权同价零的突破，IPO 上市的雷利电机公司，入市地块原亩均产值不足 10 万元，由集体收储后重新出让，亩均产值升至 1000 万元，增长 100 多倍。全区 11 万亩存量集体建设用地全部盘活后，至少可激活农村地区企业“沉睡”的资产 600 亿元。

随着工业化、城镇化的发展，城镇周边的农村集体建设用地的资产价值已经充分地显现出来。通过建立城乡统一的建设用地市场，可以防止因权力等因素扭曲集体土地的流转价格，以公开、规范的方式流转农村集体建设用地使用权，使市场配置资源的决定性作用有效发挥；有利于充分挖掘集体建设用地蕴含的巨大潜力，促进企业的兼并重组，提高集体建设用地配置效率，支撑农村地区企业股改上市，推动供给侧结构性改革。

### （五）率先实践了所有类型的入市试点

按照供给侧结构性改革和工业用地供应制度改革要求，在“农民和集体利益不受损、企业负担不加重”的前提下，武进区同步开展一级市场和二级市场试点工作，实践了入市改革试点要求的所有类型。在入市途径上，根据不同地块情况，提供了就地入市、调整入市、集中整治入市等三种途径。在入市方式上，既有在一级市场以出让、租赁、作价出资（入股）等有偿使用方式入市的样本，也有在二级市场以转让、抵押方式入市的案例。在入市的类型上，既有集体工业用地，也有集体商业用地；既有小微企业，更有成功 IPO 的优质企业。在集体经营性建设用地网上交易平台正式开通后的3个月内，一级市场出让、租赁、作价出资（入股）等方式入市664亩，交易金额3.2亿元；二级市场转让、抵押等方式入市276.5亩，交易金额0.32亿元，惠及42.5万余人，农民和集体收入2.57亿元。为武进区高效盘活11万亩存量工业用途集体建设用地提供了示范效应。

通过各种类型的入市试点，既降低了企业成本，缩短了审批周期，又提升了集体经营性建设用地入市的灵活性和参与度，更为中央修法提供了丰富翔实的实践经验和案例支撑，多渠道的入市方式更加有利于盘活农村集体经营性建设用地，提高土地使用效能，促进农村集体增加收益。

### （六）率先发放了农村“三权”抵押贷款

农村集体经营性建设用地使用权抵押贷款，是指以农村集体经营性建设用地使用权作为抵押财产，由银行业金融机构向符合条件的借款人发放的在约定期限内还本付息的贷款。

按照金融改革与农村土地制度改革紧密衔接的原则，坚持土地公有制性质不改变、耕地红线不突破、粮食生产能力不减弱、农民利益不受损的底线，武进区研究出台了集体经营性建设用地使用权、农房抵押贷款试点暂行办法，为加大金融服务“三农”的工作力度，降低农村集体经营性建设用地使用权抵押风险，以区政府设立1000万元“三权”抵押贷款风险补偿基金的方式，建立了风险补偿机制。江苏银行、江南银行等八家商业银行实行优惠贷款利率，支持使用集体经营性建设用地的企业股改上市和办理银行抵押贷款。礼嘉镇常州双盛公司企业负责人将农村集体经营性建设用地使用权证、土地承包经营权证和农房（宅基地）不动产权证一并抵押，获批了全国第一笔农村“三权”抵押贷款250万元。通过抵押贷款替换原有担保贷款，不仅有效化解了乡镇企业、民营企业的互助互保贷款的金融风险，也有力地维护了集体权益和农村社会稳定，落实了农村集体经营性建设用地与国有建设用地同等入市，同权同价。

农村集体经营性建设用地使用权抵押贷款坚持依法合规、惠农利民、平等自愿、公平诚信、风险可控、商业可持续原则。截至2017年上半年，武进区共发放30宗集体经营性建设用地使用权抵押贷款，土地面积244亩，共计2442万元。改革增加了农民融资渠道，最大限度地盘活了农村闲置资产，对拓宽农村抵押物范围具有开创性意义，真正体现了改革红利的全民共享。武进发放全国首笔农村“三权”抵押贷款对农村土地制度改革更是具有里程碑意义的事件。

### （七）率先将外资企业引入农村集体经营性建设用地市场

2017年9月，巴西WEG公司旗下常州新亚电机有限公司与洛阳镇集体签订出让合同，新亚电机以每亩30万元的价格，拿下了该镇东都西路66亩集体土地50年的使用权。成交后，使用权人取得统一的不动产权证，不仅可以出租，还能作价出资（入股）、转让、抵押等。新亚电机也因此成为全国第一家参与中央农村土地制度改革试点的外资企业，这也是第一个将农村土地制度改革试点与中央“一带一路”倡议和“金砖五国”机制相统筹结合的示范案例。

新亚电机前身是武进一家民营企业，1991年，公司在洛阳镇区租下土地，以电机零部件贸易起步。2014年4月，世界最大电机制造商巴西WEG公司整体受让常州新亚电机有限公司全部股权，成为迄今巴西在武进区最大的外商投资项目。巴西是拉美经济规模最大的国家，也是中国的重要“金砖”战略合作伙伴之一。2017年9月3日召开的金砖（BRICS）国家领导人会晤，正式开启了金砖国家间合作的新航程。会议通过的《金砖国家领导人厦门宣言》标志着金砖国家间即将开启第二个“金色十年”，其中，中巴之间将如何勾画未来的发展蓝图格外令人期待。此次巴西 WEG 公司作为参与中国农村土地制度改革的第一家外资企业，是武进区委、区政府践行国家“一带一路”倡议的重要起点，亦是金砖国家与“一带一路”沿线国家合作的延伸，深刻展现“金砖 +”的开放合作模式，将推动中国和巴西这两个金砖国家的联络、互动、对话和合作，充分释放金砖合作的积极效应。

作为国内首家参与中央农村土地制度改革试点的外资企业，巴西 WEG 公司此举意味着武进的农村土地制度改革得到了世界市场的认可，打通了集体土地市场与海外市场的通道，对完善改革制度体系具有十分重要的意义。武进区土地开发强度较高，在招商引资中面临用地紧张等问题，农村集体经营性建设用地入市改革将推动更多外资企业落地。

### （八）率先利用集体经营性建设用地建设公共租赁住房

武进区根据中央农村土地制度三项改革精神，为加快建立统一的城乡土地市场，保障城乡中等偏下收入住房困难家庭、新就业人员、外来务工人员等群体的基本居住需求，增加集体经济组织收入，根据《江苏省公共租赁住房管理办法》等相关规定，就利用集体建设用地建设公共租赁住房制定了《武进区集体建设用地公共租赁住房管理办法》。该办法规定，发展集体土地公租房应当遵循政府主导、统筹规划、集体参与、市场运作、分级保障、规范管理的原则。所建集体土地公租房的套型、建设标准和设施配套条件等作为土地供应的前置性条件予以明确。集体土地公租房可以以农村集体经济组织为投资主体，也可由社会资金投资。集体经济组织投资建设的集体土地公租房，可按划拨方式供地；社会资金投资的集体土地公租房，可采取出让、租赁或者作价入股等有偿方式供地。外来务工人员较多的大中型企业在符合土地利用规划和城乡规划确定的土地用途前提下，经区人民政府批准，可以利用自有集体建设用地，自筹资金建设集体土地公租房，或者改造现有闲置房作为公共租赁住房。

在改革过程中，武进选择横林镇双蓉村作为试点村。该村根据国家出台的《利用集体建设用地建设租赁住房试点方案》精神，在江苏省国土资源厅给予武进综合改革试点的政策支撑下，先行先试，决定将两幢公寓房拓展成为对外公共租赁住房，解决本村外来务工人员安居问题。为严密推进该项租赁住房改革，在区有关部门指导下，双蓉村率先编制实施了村土地利用规划，对村庄空间布局进行了优化，在不增加全村建设用地的基础上，建成了两幢总建筑面积 8000 平方米的公寓房。该公寓房共有 60 套，其中 80 平方米的 20 套，120 平方米的 40 套，总投资 960 万元，所有建设资金由村集体经济组织自筹。该项目竣工后，已有 10 多家企业前来咨询。双蓉村党总支书记谢杨算了一笔账，不算房子的保值增值功能，目前按市场行情 80 平方米年租金 5000 元、120 平方米年租金 6000 元测算，30 年左右即可收回成本，往后可长期享受土地红利。

利用集体建设用地建设公共租赁房，需要牢牢把握“房子是用来住的，不是用来炒的”定位，以构建租购并举的住房体系为方向，着力推动城乡统一的建设用地市场发展，推进集体土地不动产登记，完善利用集体建设用地建设租赁住房规则，健全服务和监管体系，提高存量土地节约集约利用水平，为全面建成小康社会提供用地保障，促进建立房地产平稳健康发展长效机制。

## 二 土地市场化：武进城乡统一的建设用地市场案例

集体经营性建设用地入市，是指在农村集体经营性建设用地所有权不变的前提下，农村集体经营性建设用地使用权按照依法、自愿、公平、公开的原则，以有偿方式发生转移的行为。

### （一）武进区集体经营性建设用地地块情况

（1）武进区集体经营性建设用地地块总体情况

经调查，武进区集体经营性建设用地共计6861宗，占地总面积3777.66公顷。地块分布如下：高新区512宗，占地381.79公顷；湖塘镇885宗，占地458.11公顷；湟里镇543宗，占地321.26公顷；嘉泽镇261宗，占地167.06公顷；经发区172宗，占地124.57公顷；礼嘉镇857宗，占地402.07公顷；洛阳镇1142宗，占地549.53公顷；牛塘镇589宗，占地339.55公顷；前黄镇766宗，占地427.95公顷；雪堰镇1134宗，占地605.77公顷。

从集体经营性建设用地宗地数量和地块面积分布上来看（图3－1、图3－2），武进区的经济开发区与嘉泽镇较少，洛阳镇和雪堰镇较多，其余乡镇分布相对均匀。

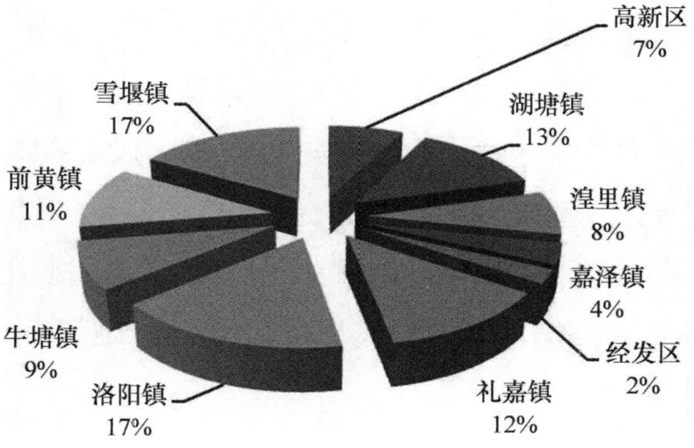


图3－1　武进区集体经营性建设用地宗数分布

（2）武进区集体经营性建设用地地块建设情况

武进区6861宗集体经营性建设用地，平均建筑密度0.50，平均容积率0.76（表3－1）。分乡镇来看，湖塘镇的建筑密度

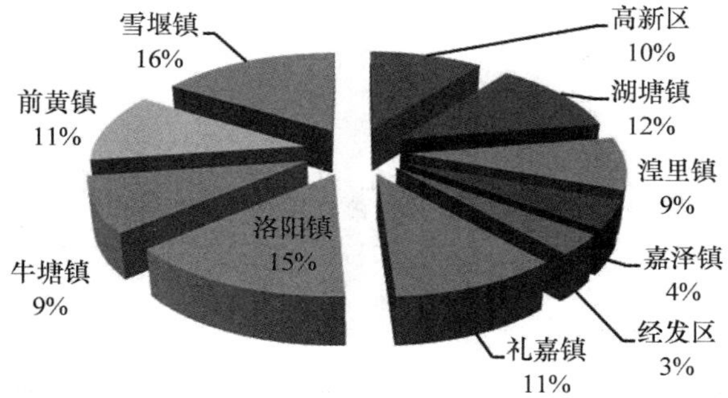


图 3－2　武进区集体经营性建设用地面积分布

最高，容积率也最高。相比而言，湟里镇和嘉泽镇的建筑密度和容积率较低，表明这两个镇集体经营性建设用地的集约利用程度不高。

表 3－1　　武进区集体经营性建设用地地块建设情况

| 行政区 | 实际占地面积（公顷） | 建筑基底面积（公顷） | 建筑总面积（公顷） | 建筑密度 | 容积率 |
| --- | --- | --- | --- | --- | --- |
| 高新区 | 381. 79 | 186. 92 | 327. 21 | 0. 49 | 0. 86 |
| 湖塘镇 | 458. 11 | 288. 57 | 460. 74 | 0. 63 | 1. 01 |
| 湟里镇 | 321. 26 | 134. 92 | 166. 87 | 0. 42 | 0. 52 |
| 嘉泽镇 | 167. 06 | 69. 35 | 88. 16 | 0. 42 | 0. 53 |
| 经发区 | 124. 57 | 52. 01 | 87. 38 | 0. 42 | 0. 70 |
| 礼嘉镇 | 402. 07 | 206. 6 | 328. 25 | 0. 51 | 0. 82 |
| 洛阳镇 | 549. 53 | 294. 75 | 412. 97 | 0. 54 | 0. 75 |
| 牛塘镇 | 339. 55 | 157. 59 | 317. 43 | 0. 46 | 0. 93 |
| 前黄镇 | 427. 95 | 210. 88 | 303. 77 | 0. 49 | 0. 71 |
| 雪堰镇 | 605. 77 | 300. 8 | 385. 48 | 0. 50 | 0. 64 |
| 合计 | 3777. 66 | 1902. 39 | 2878. 26 | 0. 50 | 0. 76 |

（3）武进区集体经营性建设用地土地用途分布情况

目前，武进区集体经营性建设用地用途主要分为工矿仓储与商服用地，分布情况如表3－2所示，以工矿仓储用途为主，占比达到98%。

表3－2　　武进区集体经营性建设用地用途情况

| 行政区 | 工矿仓储 | 商服用地 | 合计 |
|---|---|---|---|
| 高新区 | 504 | 8 | 512 |
| 湖塘镇 | 883 | 2 | 885 |
| 湟里镇 | 523 | 20 | 543 |
| 嘉泽镇 | 259 | 2 | 261 |
| 经发区 | 165 | 7 | 172 |
| 礼嘉镇 | 851 | 6 | 857 |
| 洛阳镇 | 1123 | 19 | 1142 |
| 牛塘镇 | 586 | 3 | 589 |
| 前黄镇 | 738 | 28 | 766 |
| 雪堰镇 | 1104 | 30 | 1134 |
| 合计 | 6736 | 125 | 6861 |

### （二）农村集体经营性建设用地入市试点途径

农村集体经营性建设用地入市可分为就地入市、调整入市、整治入市三种途径①。

（1）就地入市：依法取得、符合规划的工矿仓储、商服、旅游等用途的农村集体经营性建设用地，具备开发建设所需基础设施等基本条件可开发利用的，农村集体经营性建设用地可直接入市。

（2）调整入市：根据土地利用总体规划和土地整治规划，经市政府批准后，在确保建设用地不增加，耕地数量不减少、

① 异地调整地块涉及不同集体经济组织的，可相互换调换土地所有权，异地调整地块涉及不同级差的，可采用货币补差等方式调换所有权。

质量有提高的前提下，对村庄内零星分散的农村集体经营性建设用地先复垦后，可按计划在全区范围内调整后入市。

（3）整治入市：对历史形成的城中村农村集体建设用地，按照政府主导、多方参与的原则，依据经批准的规划开展土地整治，对规划范围内各类土地统一进行复垦、基础设施配套，重新划分宗地和确定产权归属。对不予征收的，在优先保障城中村居民住房安置等用地后，属于经营性用途的农村集体建设用地，可按规定入市。

### （三）农村集体经营性建设用地入市主体

农民集体是农村集体经营性建设用地的入市主体并享有其所有权。鼓励农民集体以合理方式委托代理主体代为管理入市相关事宜。

集体经营性建设用地属乡镇集体经济组织的，可以由乡镇资产管理公司或其代理人作为入市代理实施主体。

集体经营性建设用地属村集体经济组织的或者村内其他集体经济组织的，可以委托镇资产管理公司作为入市代理实施主体。

### （四）农村集体经营性建设用地入市方式

农村集体经营性建设用地可按出让、租赁、作价出资（入股）等有偿使用方式入市。现状为空地或没有实际使用者的，应该通过招拍挂方式取得；已有实际使用者并按规定缴纳年租金的，可协议出让。依法取得的集体经营性建设用地使用权，在使用期限内可以转让、出租、抵押。

集体经营性建设用地出让：是指集体经营性建设用地所有权人将一定年限的集体经营性建设用地使用权出让，由集体经营性建设用地受让人向集体经营性建设用地所有权人支付土地出让金的行为。

集体经营性建设用地租赁：是指集体经营性建设用地所有权人将集体经营性建设用地一定期限内的使用权租赁给土地使用者，由土地使用者根据合同约定支付租金的行为。

集体经营性建设用地作价出资（入股）：是指集体经营性建设用地所有权人以一定期限的集体经营性建设用地使用权作价，作为出资与他人组建新企业或增资入股到已有企业的行为，该土地使用权由企业享有。集体经营性建设用地的土地使用权作价出资（入股）形成的股权由集体经营性建设用地所有权人或其委托的主体单位享有。

集体经营性建设用地使用权转让：是指集体经营性建设用地使用权人按照集体经营性建设用地出让合同的相关规定将集体经营性建设用地使用权再转移的行为。

集体经营性建设用地使用权出租：是指集体经营性建设用地使用权人作为出租人，按照集体经营性建设用地出让合同的相关规定将集体经营性建设用地使用权出租，由承租人向出租人支付租金的行为。

集体经营性建设用地使用权抵押：是指将集体经营性建设用地使用权作为债券担保的行为。以出让、作价出资（入股）、租赁和转让方式取得的集体经营性建设用地使用权可按照相关规定办理抵押。①

集体经营性建设用地使用权出让、作价出资（入股）入市的，最高年限为工矿、仓储用地 50 年；商服、旅游等用地 40 年。集体经营性建设用地使用权以租赁方式入市的，最低租赁期限不少于 5 年，最高租赁期限不得超过 20 年。

---

① 集体经营性建设用地使用权抵押应当到区不动产登记交易中心办理抵押登记；抵押权因债务清偿或其他原因而消灭的，应当办理注销抵押登记。以租赁方式取得集体经营性建设用地使用权抵押的，其抵押期限不得超过租赁期限，抵押登记证明应当注明租赁土地的租赁期限和租金交纳情况。

## （五）农村集体经营性建设用地入市程序

武进集体经营性建设用地的入市程序包括 11 个程序，如图 3－3 所示。

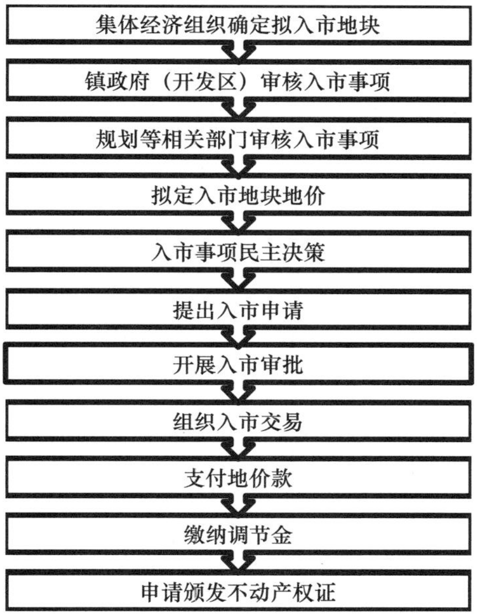


图 3－3 武进区集体经营性建设用地入市程序

## （六）城乡一体化建设用地入市取得的成效

武进区从整体性、系统性统筹谋划，以建立城乡统一的建设用地市场为目标，在实施主体、价格形成机制、网上交易平台、土地增值收益分配等方面形成了全链条的制度体系、全类型的入市方式和全域性的入市成果。截至 2019 年 9 月底，武进区办理出让入市 1259 宗、13053 亩，交易总金额 44.68 亿元；作价出资 7 宗、512.5 亩，金额 3.93 亿元；租赁入市 8902 宗、70349 亩，年租金（收益）总额 25.29 亿元。此外，根据全覆盖村土地利用规划确定的乡村旅游、特色农业观光项目等农村商服用地入市 20 宗、227.4 亩，出让金 4.83 亿元。在城镇规划区范围内，使用集体土地作为商服用地入市的虹北消费品市场、地磁厂地块面积170亩，出让金1.55亿元。其中，工业用地土地增值收益调节金近5亿元，商服用地近1.3亿元；土地增值收益12.58亿元，惠及农民67.5万人。据统计，截至2018年10月底，武进区集体建设用地入市面积占全国33个试点地区入市面积的78%。

## 三 土地资本化：江苏雷利电机股份有限公司沪深A股上市的案例分析

2017年3月23日，位于常州市武进区遥观镇钱家工业园共计20亩的集体经营性建设用地，通过协议出让方式入市，受让方为江苏雷利电机股份有限公司，用于在创业板募投“家电智能化组件产品”项目，成交总额1005.52万元，均价达50万元/亩，出让年限为50年。5月5日，雷利股份公司获得中国证监会IPO上市核准文件，5月19日进行网上和网下申购，6月2日在深交所IPO上市。雷利股份公司成为自中央农村土地制度改革试点开展以来，全国首家以中央改革试点允许的出让方式取得集体经营性建设用地使用权实现沪深A股上市的企业，也是以城乡统一的建设用地市场为基础首次在中国境内资本市场实现集体建设用地与国有建设用地同等入市、同权同价。

### （一）入市地块的基本情况

入市地块位于常州市武进区遥观镇钱家工业园钱家路东侧、人民路南侧，用途为工矿土地，属于遥观镇集体经济组织的经营性建设用地，面积是20亩。该地块的原用地单位是震华科技和创达车辆，亩均产出9.2万元，亩均税收3.53万元，属于低效工业用地。通过集体经营性建设用地入市推进低效用地的再开发，不仅符合中央全面深化供给侧改革的精神，有利于优质企业增强持续增长的动力，而且通过集体土地支撑公司上市发展，充分显化了农村集体土地的价值，促进了农村集体经济发展壮大，增加了农民的收益和获得感。

### （二）入市改革试点的前期基础

（1）全面完善基础台账。针对存量农村集体建设用地中的经营性用地、预征范围内的各类用地和补偿等情况，由区国土管理部门牵头开展专项调查，建立和完善集体土地征收台账、集体经营性建设用地台账，为推进试点夯实基础。

（2）加快出台政策制度。围绕集体经营性建设用地入市，组织多层次、全方位政策研讨，出台了集体经营性建设用地入市管理办法、入市土地收益调节金征收和使用管理暂行办法、集体经营性建设用地入市增值收益分配管理等“1＋6”制度文件，并以会议纪要的形式对相关问题进行明确，确保文件的可操作性。积极通过向企业印发政策问　、给基层干部举办培训讲座等方式，结合大走访活动，对改革精神和操作实务进行宣传培训。

（3）有序推进交易试点。建立常州市武进区城乡一体化建设用地基准地价体系，不再区分国有、集体，统一发布各片区基准地价。开发农村集体经营性建设用地使用权网上交易系统，制定出台交易规则，实现与国有土地统一的网上挂牌、竞价交易。

（4）健全收益分配机制。充分发挥武进集体经济发达的特点和优势，建立“两确保一增强”的土地增值收益分配机制，即在农村集体经营性建设用地入市过程中，财政通过收取调节金确保与税收方法的收益保持基本一致，农民直接取得的补偿性收益确保与土地征收保持基本不变，增值收益主要留给镇、村集体经济组织，用于增强集体经济实现二次分配，防止“一夜暴富”和贫富差距拉大。

（5）有力提供金融支撑。出台配套政策，推动金融服务，支持使用集体经营性建设用地的企业股改上市和办理银行抵押贷款。现已发放集体经营性建设用地使用权抵押贷款 1.87 亿元，通过抵押贷款替换原有担保贷款，化解了企业信贷担保圈风险。

（6）搭建与国有土地相同的集体土地网上交易平台。在省国土资源厅的大力支持下，武进成功开发了与全省国有建设用地网上交易系统融为一体的集体经营性建设用地使用权网上交易平台，于 2017 年 2 月 24 日正式开通运行。目前，武进区一级市场的工业和商业用途集体经营性建设用地出让、租赁、作价出资（入股）等，均已全部实现网上交易；二级市场的工业和商业用途集体经营性建设用地转让、抵押等，也已全部实现网上汇总统计。

## （三）主要做法

### 1. 入市地块选取的过程和理由

家电智能化组件项目是雷利股份公司产品升级的重要战略之一。早在 2017 年初，公司就把该项目作为上市募投建设项目之一。但没有项目建设用地成为其面临的最突出问题。为此，企业所在地遥观镇政府通过盘活低效用地，落实了一处 20 亩的集体经营性建设用地。“土地虽然解决了，但受限于地块性质和权能，仍然无法通过证监会审核”，雷利股份公司负责人苏建国表示，当时，如果按正常的集体用地转国有程序，很可能影响企业上市进程。正当两难之际，武进的土地制度试点改革，为苏建国解了围。通过整合创新和灵活运用低效产业用地再开发政策和入市改革授权政策，公司通过协议出让的方式，最终以 50 万元/亩的价格，获得了 20 亩地块 50 年的使用权。经过相关流程，短短两周就完成了手续办理，发放了新的不动产登记证，并一举通过证监会审核，保证了企业顺利登陆深交所。

武进区政府党组成员吴飞指出："以集体土地作为 IPO 募投项目开发使用，既是武进土改的创新成果，还得益于武进打造以'资本+创新'的'新苏南模式'实践。"围绕供给侧结构性改革，武进积极引导骨干企业利用多层次资本市场融资，此次探索，使土地与资本深度融合，实现了企业与农民集体的双赢。

2. **入市的主体**

该地块的入市主体为常州市武进区遥观镇集体经济组织。

3. **入市的程序**

武进集体经营性建设用地的入市程序包括：（1）集体经营性建设用地原则上应当采用招标、拍卖和挂牌形式交易。（2）集体经营性建设用地入市应经本集体经济组织集体研究决定，并依法形成《集体经营性建设用地入市决议》。（3）区国土管理部门要建立城乡统一的建设用地基准地价评估体系。研究制定建设用地基准地价评估标准，实行动态调整，及时向社会发布。（4）集体经营性建设用地使用权入市地价应当选择有资质的评估机构评估或参照建设用地基准地价标准来确定。（5）区规划管理部门、各镇政府（开发区管委会）分别按照经依法批准的城区、集镇区的控制性详规和传统农区的村庄规划，确定入市土地的规划条件或规划指标，办理相关规划许可。（6）区国土管理部门定期召集相关镇（开发区）和部门，对提出入市申请的地块进行联合会审。（7）集体经营性建设用地入市由实施主体向区国土管理部门提出入市申请。（8）集体经营性建设用地入市由区国土管理部门拟定入市方案报区政府批准后，发放《常州市武进区农村集体经营性建设用地入市核准书》。（9）集体经营性建设用地使用权出让、租赁交易完成后，由出让方与竞得人签订《常州市武进区农村集体经营性建设用地成交确认书》。交易结果应在区公共资源交易中心网络平台和村务公开栏等进行公布，接受社会和群众监督。（10）集体经营性建设用地使用权作价出资（入股）完成后，其交易信息应在村务公开栏、区公共资源交易中心官方网站等进行公布。新组建的企业或增资入股后的企业在完成工商登记后，应当申请入市土地的使用权登记。（11）集体经营性建设用地使用权交易双方应签订《常州市武进区农村集体经营性建设用地使用权出让（租赁、作价出资）合同》（以下简称《合同》）。（12）集体经营性建设用地使用权入市交易完成后，办理不动产登记；有地上建筑物的，同时申请登记。办理不动产登记时，应向区不动产登记交易中心提交土地登记申请书、申请人身份证明材料、《合同》、地价款、土地增值收益调节金缴纳证明和税收完税、免税或不征税证明等资料。

**4. 入市的交易方式和规则**

集体经营性建设用地入市需要进入公开交易平台交易，武进开发了与国有建设用地网上交易系统融为一体的集体经营性建设用地使用权网上交易平台，一级市场和二级市场的工业和商业用途建设用地出让、租赁、作价出资（入股）等，都在该平台上进行交易。这次入市交易以协议方式将50年的集体经营性建设用地使用权出让给江苏雷利电机股份有限公司。

**5. 入市完成后的管理情况**

江苏雷利电机股份有限公司沪深A股上市后，按照合同规定履行了合同条款，集体经营性建设用地使用权主体登记为江苏雷利电机股份有限公司，政府在交易完成后按照合同约定对江苏雷利电机股份有限公司土地利用行为进行监管。

**6. 收益分配情况**

按照合同约定，江苏雷利电机股份有限公司向常州市武进区遥观镇集体经济组织缴纳集体经营性建设用地使用权出让价款1005.517万元，同时向武进区政府按土地出让价款总额的3%缴纳土地增值收益调节金30.1655万元；常州市武进区遥观镇集体经济组织向武进区政府按土地出让价款总额的20%缴纳土地增值收益调节金 201.1034 万元。农村集体经济组织获得的集体经营性建设用地入市增值收益，归农村集体经济组织所有，主要用于量化股权、社会保障、完善基础设施和提升农村公共服务等公益事项。调节金主要统筹用于城镇和农村基础设施建设、农村环境整治、生态补偿、土地复垦、失地农民保障以及对农村经济困难群众的社保补助和特困救助等。

### （四）案例剖析

**1. 典型性分析**

雷利公司的 IPO 上市，是以城乡统一的建设用地市场为基础，首次在最高等级的市场——资本市场实现集体经营性建设用地与国有土地同等入市、同权同价，彰显了集体土地的市场价值。雷利公司是武进本地的一家民营企业，是在改革开放的大潮中逐步成长起来的，其发展经验在当地具有一定的典型性和代表性。

**2. 取得的成效**

作为江苏省唯一的中央农村土地制度改革试点地区，武进试点的主线就是要在坚守改革底线的基础上，探索建立“同权同价、流转顺畅、收益共享”的农村集体经营性建设用地入市制度，并由此同步统筹协调推进土地征收和宅基地制度改革。

取得的成效主要包括：（1）高效盘活存量工业用途集体建设用地、合理显化集体土地资产价值。（2）壮大集体经济、提高农民收入水平。集体经营性建设用地入市，增值收益主要留给镇、村集体，由镇集体通过生态补偿方式统筹各村发展，由村集体通过股份分红实现可持续的二次分配。既让农民公平分享改革成果，又防止“一夜暴富”和贫富差距拉大，影响农村社会稳定。从实施情况看，与东部沿海、珠三角等几个试点地区相比，武进的土地增值收益分配机制体现了与中央“巩固社会主义公有制，坚持农村土地集体所有”要求相契合，具有可复制、可推广的普遍意义。（3）率先实现资本市场上集体与国有土地同权同价。江苏雷利电机股份有限公司首次在中国境内最高等级的资本市场实现集体建设用地与国有建设用地同权同价零的突破，成功打破了集体经营性建设用地入市改革的“天花板”。

3. **存在的问题**

主要集中在农村土地制度改革试点政策延续的问题。根据中央统一部署，改革试点将于2019年底结束，尽管2019年8月《土地管理法》第三次修正已经解决了集体经营性建设用地入市的合法性问题，但相关法律条款的实施细则和政策配套仍在完善当中。在试点结束后应明确相关政策的延续性，确保改革工作的连续和稳定。如应明确集体经营性建设用地抵押贷款中银行等金融机构在实施抵押权处置、风险补偿等贷款后期管理应继续按照试点政策办理；采取先租后让方式使用农村集体经营性建设用地的，租赁期满后应确保企业能以改革试点允许的方式取得土地使用权；以租赁等方式入市的农村集体经营性建设用地，每年的租金等收入应按照试点期间的管理办法缴纳收益调节金。建议国家和省农村土地制度改革试点领导小组出台文件，明确改革试点期内已批准和已实施的改革试点项目，按改革试点期内的政策继续实施，至相关法律实施细则制定完成、部门规章制度完成调整并实施后，按新规定执行。

4. **启示**

江苏雷利电机股份有限公司案例重点针对农村集体经营性建设用地权能不完整，不能同等入市、同权同价和交易规则亟待健全等问题进行了探索，该案例表明，武进通过农村集体经营性建设用地入市改革，完善了农村集体经营性建设用地产权制度，赋予农村集体经营性建设用地出让、租赁、入股权能；明确了农村集体经营性建设用地入市范围和途径；建立健全了市场交易规则和服务监管制度。这个案例具有典型性和代表性，具有可复制可推广价值。

## 四 农村集体经营性建设用地入市的理论思考

### （一）集体经营性建设用地入市改革要对用地企业具有吸引力

武进开展集体经营性建设用地入市试点改革以来，当地企业反映良好，积极拥护、加入到农村土地制度改革。之所以取得这样的局面，是因为集体经营性建设用地入市试点改革对用地企业具有以下几个方面的吸引力。

（1）增加用地通道：开展集体经营性建设用地入市试点后，给予企业更多选择权。企业用地可采用国有、集体两种办法，集体入市又可采用租赁、出让、作价入股等多种方式。

（2）严格产权保护：通过集体经营性建设用地入市，实现与国有建设用地同价同权，符合规定条件的办理不动产权登记，有利于保护企业的不动产权益，提升企业对未来经营的稳定预期，加大建设投入力度。

（3）完善产权权能：集体经营性建设用地入市后，可以享有转让、抵押、出租等权能。可以和国有建设用地一样到银行抵押贷款，有利于为农村地区贷款提供更多担保物，有效化解担保权风险。

### （二）科学规划、产权明晰、城乡一体化全覆盖的基准地价体系是建立城乡统一建设用地市场的基础

规划在很大程度上了决定了土地在市场上的价值价格，科学合理的城乡规划体系对城乡统一建设用地市场起到了很重要的影响。因此，需要健全城乡规划体系，在乡镇土地利用总体规划、小城镇规划控制下，由农村集体经济组织主导编制农村建设用地开发规划，重点明确集体经营性建设用地内涵、类型、

边界、增减挂钩范围以及入市的时序安排等，并因地制宜推进入市的范围由合法集体经营性建设用地存量向规划可以用作经营性建设用地的增量有序拓展。这样既有助于土地规划的实施，又可以从根本上改变当前城乡建设用地增减挂钩中节余建设用地指标的使用方式，其落地方式将主要不再是用于城郊农地的征收，而可能会采用集体经营性建设用地入市的方式，从而让农民更好地分享土地发展权的收益。

明晰的产权是市场建立的前提，如果产权界定不清，当事人权能的行使就无法有效地进行，也就无法帮助他们形成有效而又稳定的预期，当事人之间的相互侵权行为的发生也就不可避免，并由此导致土地资源开发利用中机会主义行为的泛滥，使人们合理开发利用保护和管理土地资源的积极性遭受打击，也就无法通过市场实现资源的有效配置。因此，建立城乡统一建设用地市场需要明晰土地产权，这就需要加强土地的确权登记颁证。

基准地价是政府规范土地交易行为、调控土地市场价格的基础，也是制定有关土地税费政策，进行评估宗地地价的重要参考依据。城乡一体化全覆盖的建设用地基准地价体系将为政府规范土地交易行为、宏观调控地价水平、制定地价政策、征收土地税赋提供科学依据，为社会中介机构准确评估宗地价格提供参考，也为企业投资、银行放贷等决策提供较为客观真实的市场价格，有利于经济的健康、稳定、持续发展。武进区城乡一体化建设用地基准地价成果为武进区统筹协调推进农村土地制度改革三项试点建立城乡统一的建设用地市场、为农村集体经营性建设用地入市地价的确定提供科学依据，从而实现农村集体经营性建设用地与国有建设用地同权同价。

城乡一体化建设用地基准地价成果对集体建设用地入市的意义体现在以下几个方面：（1）保护农民集体土地所有者和土地使用者合法利益的要求。构建城乡一体化建设用地基准地价体系可以为流转双方提供价格依据，使流转价格能够确定在一个相对较为科学合理的水平，而且农民集体土地所有者和土地使用者都能接受，保护流转双方的合法利益。此外，为了有效防止在农民集体所有经营性建设用地使用权流转中发生集体资产流失，应该在合理确定流转土地价格的基础上，按照一定比率设定其最低价格标准，如果流转中发生流转价格明显低于最低价格标准，政府管理部门应依法中止流转行为，保障集体资产不流失，保护农民集体利益。（2）各级政府土地行政主管部门管理建设用地市场的要求。在市场经济条件下，除法律和行政手段外，使用价格这一经济手段管理土地市场是一种行之有效的方法。目前，国有土地价格体系已相当成熟，而农民集体所有建设用地还处于初级阶段，构建城乡一体化建设用地基准地价体系，利用价格和税收手段，政府管理部门可以调节农民集体所有经营性建设用地的供应量，对农民集体所有经营性建设用地流转市场进行有效干预，从而促进农民集体所有经营性建设用地流转市场健康发育。（3）理顺农民集体所有经营性建设用地使用权融资渠道的要求。如果农民集体所有经营性建设用地可以在金融市场上进行资金融通，参照国有土地融资的要求，必须对其使用权价格进行科学评估，银行根据评估价格确定其抵押价格，从而实现土地的融资功能。

### （三）同地同权、同等入市是建立城乡统一建设用地市场的关键

长期以来，我国城镇国有建设用地市场与农村集体建设用地市场处于分割状态。农民集体土地权利设定简单，与国有土地使用权体系相比处弱居柔；在实行市场经济的中国，农村集体土地所有权与国有土地所有权的转换仍然保留着计划经济的等级特点，即农村集体土地不能直接进入市场，必须先通过国家征收才能进入市场。现行《土地管理法》第四十三条和第六

十三条分别规定，“任何单位和个人进行建设使用土地，必须依法申请使用国有土地”“农民集体所有的土地的使用权不得出让、转让或者出租用于非农业建设”。由此可见，集体土地产权流转在法律上是受到限制的，无权参加讨价还价，市场价格机制被排除在城市化、工业化土地资源的配置之外。所以，应该赋予集体土地与国有土地同等的权利，消除农村集体土地产权与国有土地产权的地位不平等现象，让集体土地（尤其是集体经营性建设用地）在土地市场交易中享有与国有土地同样的待遇，而不需要通过国家征收才能进入城市土地市场。2019 年《土地管理法》的修正实现了农村集体经营性建设用地与国有土地享有平等权益，在新的法律条款生效之后，在交易平台、交易规则、交易管理与监管等方面也需要改变城乡二元分割的状态，按照“两种产权、统一市场、交易规范、价格统筹、统一管理”的模式，完整构建一个城乡一体化的土地市场体系，解决长期以来城乡二元土地市场分割所带来的一系列资源配置效率低下、收益分配不公的问题。

### （四）集体经营性建设用地制度改革应因地制宜，考虑制度变革的路径依赖

美国新制度经济学家诺斯（Douglass C. North）用“路径依赖”概念来描述过去的绩效对现在和未来的强大影响力，证明了制度变迁同样具有报酬递增和自我强化的机制。这种机制使制度变迁一旦走上了某一条路径，它的既定方向会在以后的发展中得到自我强化。沿着既定的路径，经济和政治制度的变迁可能进入良性循环；也可能顺着原来的错误路径继续下滑，结果在痛苦的深渊中越陷越深，甚至被“锁定”在某种无效率的状态之下。一旦进入了“锁定”状态，要想脱身而出就变得十分困难，除非依靠政府或其他强大的外力推动。“路径依赖”类似于物理学中的“惯性”，一旦进入某一路径（无论是好是坏）

就可能对这种路径产生依赖。因此，在既定的制度变迁目标下，要正确选择制度变迁的路径并不断调整路径方向，使之沿着不断增强和优化的轨迹演进，避免陷入制度锁定状态。在讨论制度变迁过程中的“路径依赖”时，需要考虑三个方面：（1）正式规则对经济发展的影响。一国或地区政治法律制度约束着经济自由度和个人行为特征，进而影响经济效益；（2）非正式规则对经济发展的影响，与正式制度相比，非正式制度（包括文化）具有较强的非易性，其变迁也是连续的、缓慢的、渐进的、内生的，有时对制度变迁和经济发展还具有非常关键的影响；（3）制度变迁需要考虑与制度相关的特殊利益集团的影响，这种利益集团与现有制度是共存的，而且在各种利益的博弈中处于主导地位，只会加强现有制度，从而促使制度变迁保持原有的惯性、按原有的方向持续下去。

农村集体经营性建设用地制度改革过程中应考虑制度变革的路径依赖，结合当地的实际情况。武进地处“苏南模式”的发源地，20 世纪 80 年代，一批开拓进取、奋发有为的农民企业家，以先人一步的胆识搏击市场风浪，开创了中国农村工业化的先河。但是多年的粗放式发展，也带来了集体建设用地利用效率低下的问题。近年来，武进加快发展新经济，加力培育新动能，加速打造新引擎，已经形成了“苏南模式”的升级版，企业发展从代加工走向自主研发，从村村点火处处冒烟到产业集群式发展，产业结构也不断优化升级。利用武进集体经营性建设用地入市的江苏雷利电机股份有限公司是国家高新技术企业，凭借自身电机研发的优势和多年持续完善的质量体系，致力于为客户提供富有竞争力的微特电机产品和一站式微特电机解决方案；该公司坚持自主研发与产学研相结合的方式，在企业的发展过程中打造了一支经验丰富的专业技术研发团队，技术研发水平在行业内处于领先地位；该公司获得授权专利 175 项，其中发明专利 12 项，主导起草《减速永磁式步进电动机通用规范》国家标准。公司拥有稳定的优质客户群，多年来得到了格力、美的、海尔、伊莱克斯、惠而浦、LG、三星、松下、夏普、富士通等国内外知名的家用电器生产商以及全球知名运动健康设备制造商爱康的广泛认可。这种利用集体低效用地的再开发，既适应了经济结构的调整，也符合产业转型升级的内在要求。同时，这种集体经营性建设用地市场的建设也离不开已有“苏南模式”奠定的基础。

### （五）农村集体经营性建设用地制度改革要考虑多方受益

改革的根本目的在于促进发展。农村土地制度改革是对我国基本经济制度的深度调整，牵一发而动全身，特别是涉及广大农民的利益。为了使改革顺利进行，需要考虑各个改革利益主体（包括政府、用地企业、村集体和农民等）的切身利益。武进在改革过程中，把先行先试探索与解决现实问题紧密结合，用改革求突破，向改革要红利，有效实现了政府、企业、村集体和农民的“四方共赢”。（1）政府化解了发展矛盾。三项改革前，武进政府面临着村庄规划滞后、空间布局散乱、集体土地利用效率低下、产业结构不合理等突出问题，严重制约了镇村乃至整个武进的发展。武进创新利用试点地区被授予的多项法律法规暂停实施的“窗口期”，通过改革创新，有效解决了这些问题，优化了产业结构，化解了发展矛盾，推进了城乡融合发展。此外，在集体经营性建设用地入市过程中，政府还通过收取土地增值收益调节金增加了政府财力。（2）企业突破了发展束缚。由于历史和政策原因，武进大量的乡镇企业、民营企业建立在农村集体建设用地上，长期以来，企业对这些集体土地只有使用功能，无法获得合法权能。随着企业发展壮大，土地权能的限制日益成为它们融资贷款、兼并重组、股改上市的“紧箍咒”。武进通过土地制度改革突破了这些发展束缚，为企业赢得了更多的发展空间。（3）村集体增强了造血功能。长期以来，被村集体经济组织集中起来的集体土地，往往只有通过私下租赁获取土地年租金这一单一收益渠道，不仅收益偏低，而且由于集体土地私下租赁、隐形交易缺乏政策法律支撑，导致发生矛盾时集体权益得不到有效保障。武进通过稳步推进农村集体股份合作制改革，逐步建立了“归属清晰、权能完整、流转顺畅、保护严格”的现代农村产权制度，为集体经济开辟了出让、租赁、入股等多种增收渠道，并制定了土地增值收益集中用于集体经济壮大的收益分配机制。收入渠道的增加和村集体土地产出效益的大幅提升，极大地增强了村级经济活力和“造血功能”，为提高镇村公共服务水平、特色田园乡村建设提供了持续不断的源头活水，为实施乡村振兴战略提供了有力支撑。（4）农民实现了增收致富。农村居民有没有实实在在的获得感，是检验土地制度改革成果的重要指标。武进按照供给侧结构性改革要求，创新和灵活运用工业用地供应制度改革和低效产业用地再开发政策，充分发挥市场配置资源的决定性作用和镇村集体的统筹协调作用，提高集体建设用地配置效率。一方面，农民从集体经济发展壮大过程中得到了实惠，包括社会保障水平提高、农村公共服务水平提升、农村生活环境改善等；另一方面，改革使实体经济重新焕发活力，为农民增加就业岗位、提高工资性收入提供了稳定的来源。

### （六）集体经营性建设用地制度改革要与其他两项改革统筹协调推进

农村集体经营性建设用地制度改革与农村土地征收制度改革和宅基地制度改革之间存在关联性和耦合性，需要统筹协调推进。首先，农村土地征收制度改革要求逐步缩小征地范围，在这种情况下，通过农村集体经营性建设用地入市有序增加部分建设用地供给，从供给侧解决用地需求。一来降低了用地者尤其是小微企业的土地成本，有助于国家“大众创业、万众创新”战略的实施；二来也有助于减少以往土地征收带来的一系列问题（尤其是征地补偿方面的问题）。其次，宅基地制度改革探索宅基地自愿有偿退出机制，如果能够将退出的宅基地通过一定的程序，将其转变为农村集体经营性建设用地，这样既可以有效增加农村集体经营性建设用地的数量和范围，也可以增加宅基地的需求出口，提升宅基地的市场价值，提高农民的土地收益、壮大集体经济。此外，还需要做好农村土地制度改革与其他改革的衔接和协同推进，加强改革措施的系统集成，为产业转型升级、新型城镇化发展等提供更强的土地空间支撑，最大限度地释放改革红利。武进在土地制度改革中，注重与农村综合改革的协同推进，充分运用农村集体经济组织股东（成员）身份界定和土地承包确权中的家庭承包户的成果，统筹土地制度改革与农村集体产权制度改革，将土地增值收益主要用于壮大集体经济，统筹土地增值收益分配与集体经济组织发展壮大。

# 第四章　居有其权、地尽其利：宅基地制度改革的方向

## 一　武进农村宅基地保障制度和权益实现机制的政策透视

武进区坚持树立系统性思维，做好整体谋划和顶层设计，结合农村综合改革，系统性、整体性、协同性地推进农村宅基地制度改革试点工作。以健全体制机制为目标，将宅基地制度改革与农村产权制度、金融制度、户籍制度改革、城乡一体化和就地城镇化等有机结合，“一体化”统筹改革任务，在改革试点中建立起分区域、多样化的“户有所居”农房保障制度，积极探索开展宅基地有偿使用、有偿退出实践、完善农房抵押贷款相关制度，出台了《农村宅基地保障对象认定办法》《农村宅基地审批管理办法》《农村宅基地有偿使用、有偿退出指导意见》《农民住房财产权抵押贷款试点暂行办法》《农民住房财产权抵押贷款风险共担机制试行办法》等一系列制度文件。

### （一）“户有所居”农房保障制度

武进区以“三区三类”（三区即中心城区、镇区、乡村地区；三类即重点村、特色村、一般村）规划为引领，围绕“留、聚、转”三种模式（即优化环境留住农民，统建公寓集聚农民，货币置换转变农民）制定引导激励政策。中心城区以货币化补

偿为主要形式进行保障，集镇地区以公寓房分配为主、货币化补偿为辅的形式进行保障，乡村地区以“一户一宅”宅基地分配为主、公寓房和货币化为辅的形式进行保障，构建了区域差别化、形式多样化、选择自主化的农民住房保障制度体系，防止赶农民上楼，有效化解征地拆迁矛盾，让群众有更多获得感。在配套措施方面，以依法取得土地承包经营权的家庭承包户作为界定农村居民户的基础数据，并对宅基地保障对象作出了明确规定。

### （二）宅基地有偿使用制度

对因历史原因等形成的超标准占用宅基地和“一户多宅”的，以及非本集体经济组织成员通过继承房屋或其他方式占有、使用宅基地的，由农村集体经济组织主导探索实行有偿使用。在充分考虑农民承受能力的前提下，农村集体经济组织按照宅基地取得方式、区位差异和使用主体等情况，制定差别化的有偿使用标准和缴费办法，以分区、分类、分级的方式，确定了每年每平方米10—20元的收费指导标准。试点镇、村制定的实施方案则对宅基地有偿使用费的收费主体和收费方式、减免范围和用途等作出了明确规定。如湟里镇的实施方案规定村民代表会议采取无记名投票的方式表决本村民小组是否收取有偿使用费，宅基地有偿使用费主要用于村组集体经济组织内公益事业、公共设施建设。

### （三）宅基地自愿有偿退出机制

按照“依法自愿、合理补偿”的原则，建立农村宅基地有偿退出激励机制，显化农民宅基地的财产权利。积极探索宅基地成员权益向财产权益转化的可能路径，拓宽农业转移人口退出宅基地的合理渠道。在符合规划、保障农民宅基地权益和公平分享土地增值收益的前提下，鼓励农村集体经济组织将退出和节余的宅基地转化为集体经营性建设用地盘活入市使用。制定了宅基地有偿退出的补偿标准和收回程序，建立了政府回购机制，通过产权转让、权益转化、土地整治、转换入市等方式，进一步推进宅基地有偿退出，显化宅基地财产权。试点镇、村制定的实施方案则对宅基地自愿有偿退出中的具体问题进行了明确规定。如湟里镇的方案规定自愿要求有偿退出宅基地的村民应持相关证明材料向村委会提出退地申请。退出宅基地及建（构）筑物后原农村房地产权证依法予以注销。退出补偿标准不低于政府土地整治保底回购价并根据区政府每年更新的土地整治回购价作相应调整。

### （四）农房抵押贷款制度

武进区配合农民住房财产权抵押担保转让试点，积极探索宅基地权益的实现方式和途径，通过集体经济组织担保、多户联保等形式，保障抵押权人的合法权益，完善权能及实现形式。建立了农民住房财产权抵押融资制度，优化农民抵押贷款的担保品结构，依法办理抵押登记。制定颁布《农民住房财产权抵押贷款试点暂行办法》，对农房财产权抵押贷款的申请和审查、抵押贷款合同的签订和履行，以及贷款管理和纠纷处理等进行了明确的规定。完善抵押担保的风险缓释机制，建立产权交易、集体回购等抵押物处置机制，支持商业银行等金融机构为“三农”提供融资服务。区财政投入 600 多万元设立了“两权”抵押风险补偿基金，为抵押人办理宅基地换发不动产权证和抵押登记手续开设绿色通道，并与江南农商行、农业银行、交通银行、建信村镇银行等 8 家银行开展合作，积极引导推进抵押贷款试点工作。

### （五）稳步探索宅基地“三权分置”改革

在保障农民住有所居的前提下，积极探索农村集体经济组织和农户盘活利用闲置农房和宅基地、增加农民财产收益的有效方式和途径。试点以来，全区各地开展了形式多样的探索试点，如横林镇等地由于工业经济发达，外来务工人员较多，探索农户自主出租，满足外来务工人员住房需求；雪堰镇城西村自然风光优美，探索多户联合吸引产业资本投向农村，使用宅基地住房发展乡村旅游业；前黄镇丁舍村探索宅基地的“以房养老”，达到精准脱贫目标；嘉泽镇在宅基地三权分置改革探索中，对村集体依法进行土地（宅基地）所有权证登记后，及时通过农村股份制改革确定保障对象，落实宅基地资格权并建立数据库；引用城市房地产租赁管理的相关规定，通过《农房（宅基地）租赁备案通知书》的形式，在不动产登记证书上注记明确宅基地资格权、使用权租赁人、房屋租赁期限和宅基地租赁使用期限，放活农房使用权和宅基地使用权，在跃进村率先发放宅基地“三权分置”证书。

### （六）宅基地管理信息平台与体系建设

武进区建立了“户有所居”保障数据库、农村不动产统一登记信息管理、宅基地动态监管、农村产权交易四大信息系统，形成了“全覆盖、全类型、全过程”的农村宅基地综合管理信息平台，全面规范高效管理宅基地，不仅在江苏省作为样板被推广使用，还借鉴应用在全国宅基地监管信息系统的开发中。建立了不动产统一登记机构，综合农村集体土地所有权、宅基地使用权、村镇房屋所有权、承包经营权等数据信息；出台农村宅基地、农房统一登记操作办法（试行），妥善解决历史遗留问题。

## 二　户有所居：城镇化进程中武进农民住房保障案例

### （一）“旧房补偿”与“新房安置”相结合：西湖街道征地拆迁住房安置案例

常州西太湖科技产业园（江苏武进经济开发区）位于常州

市西太湖（滆湖）北侧核心地带，规划面积90平方公里，核心区面积5.5平方公里，是苏南国家自主创新示范区、苏南现代化建设示范区的重点平台。园区重点打造了常州创新园、常州石墨烯科技产业园、西太湖国际医疗产业园、常州西太湖互联网产业园、西太湖文化旅游产业园等特色板块，建设了江南石墨烯研究院、西太湖医疗产业孵化园、西太湖互联网创新创业孵化园等一批有影响力的公共服务和技术平台。西湖街道伴随武进西太湖地区开发进程而生，自成立之初，肩负着“服务园区发展，服务民生幸福”的特殊使命。西太湖科技产业园的征地拆迁涉及167个村民小组、6324户民房、旧房面积207万平方米。截至2016年底已完成135个村民小组的征地搬迁安置工作，5432户家庭得到安置，分配安置房共计10402套。聚新家园社区是其中规模最大的安置社区，由原赵墅、厚庄、夏萧、霍庄4个村拆迁安置合并而成，社区总面积达到8.18平方公里，建筑面积共计68万平方米，房屋147幢，住宅房屋8000余套，涉及搬迁农户家庭2883户，户籍人口8956人，常住人口超过1.5万人。

在征地拆迁安置过程中，西太湖科技产业园和西湖街道坚持以人为本理念、以维护农民权益为目的，根据武进区的拆迁安置补偿政策制定了分类实施细则，总的原则是对旧房拆迁“以房为主”、对新房安置“以人为主”。即对农民旧房子，按照合法房屋面积由中介公司评估后实施补偿，补偿价格一般为1000—1500元/平方米。在此基础上，新房安置按照40平方米/人来进行安排，具体有三种方式：一是安置房安置。由街道统一建造公寓房给被拆迁农户安置，对家庭农业人口列为安置人口，按40平方米/人分配。同时，考虑独生子女、未婚青年、独居老人等特殊情况，适当增加人口数量，列为照顾人口，也按40平方米/人分配。如一个典型的五口之家，可以有5个安置人口+1个照顾人口，可以选择2套120平方米或3套80平方米公寓房。二是货币化安置（见表4－1）。对不需要安置房的，按照上述安置、照顾人口数，给予货币补偿，其中安置人口按3500元/平方米、40平方米/人，每人补偿14万元；照顾人口按3150元/平方米、40平方米/人，每人补偿12.6万元。以前面五口之家为例，可获货币补偿82.6万元，再加上旧房拆迁补偿约30万元，总的补偿超过100万元，完全可以到城区购置商品房。三是定销商品房安置。为加快人口集聚，西湖街道还出台政策，鼓励被拆迁农户购置本地区开发的商品房，由政府与开发商商定优惠价格，并对购买的被拆迁农户进行一定的补贴。以上三种方式，农户可以根据自身需求，任选一种、两种甚至三种方式，自由进行组合，达到最大满意度。

表4－1　**西湖街道货币化安置补偿标准**

| | 货币化标准 | 安置面积 | 每平方米补偿 |
|---|---|---|---|
| 安置人口 | 14.0万元/人 | 40平方米/人 | 3500元 |
| 照顾人口 | 12.6万元/人 | 40平方米/人 | 3150元 |

### （二）宅基地安置模式探索：新孟河延伸拓浚工程征地拆迁安置案例

新孟河延伸拓浚工程是国务院批准的《太湖流域水环境综合治理总体方案》确定的重要引排工程之一。该工程在武进区湟里镇段全长14公里，涉及7个行政村56个村民小组，土地1525亩，其中拆迁户数300户，人口1097人，村基（宅基地）面积225亩。水利工程基本上是沿江沿河治理的线性工程，工程范围涉及征地范围较大，但拆迁仅涉及周边村落的部分农户，涉及征迁的农户宅基地在所在村组居民点占比不多，在整个项目区面积占比也较小。但是，关键的少数决定项目的成败，如何安置这些被征地农民至关重要。

武进区及湟里镇利用统筹协调推进农村土地制度改革三项

试点的机会，面向新孟河延伸拓浚工程范围内涉及征地拆迁的农户出台了三项安置保障政策：一是货币补偿安置；二是定向销售商品房安置；三是宅基地安置。在安置对象确定上采用农村宅基地制度改革的成果，将在本集体经济组织享有权利及承担义务的农民依法确定为保障对象。其中，货币补偿安置的每个保障对象可得40平方米/人×1850元/平方米，三口之家可以拿到22万元，四口之家可以拿到30万元。定向销售商品房安置，每个保障对象补贴40平方米/人×2350元/平方米，即9.4万元/人，湟里镇商品房均价5200元/平方米。宅基地安置，结合中心村（集聚区）建设规划给保障对象分配宅基地自建，保障对象享受30平方米/人，独生子女按两人计算，户控面积有四种，即60平方米、90平方米、120平方米、140平方米。符合正常安置人员宅基地置换，按建筑面积补助200元/平方米，照顾安置人员宅基地置换，按建筑面积100元/平方米；宅基地置换建造结束及所有涉及新孟河延伸拓浚项目的相关事宜均已完毕并验收合格后，正常安置人员宅基地置换再按建筑面积奖励300元/平方米，照顾人员宅基地置换再按建筑面积奖励200元/平方米。实际执行过程中，安置对象中选择货币安置的118人，选择宅基地自建安置的919人，选择定向销售商品房安置的60人。通过测算，宅基地安置奖励补偿共计1567万元，货币安置883万元，民房拆迁补偿9800万元。

## 三　充分行使权能：宅基地有偿使用和自愿有偿退出案例

西墅村位于武进区湟里镇中部，南北有卜东公路贯穿，东西有北千河流经，水陆交通方便。村域总面积6.63平方公里，其中耕地面积3427亩，草坪苗木种植面积3000亩。全村由19个自然村组成，设35个村民小组，共有1419户，户籍人口

4583 人，集体经济组织成员 4428 人，已整体搬迁 5 个自然村、7 个村民小组，公寓房安置 465 套，宅基地面积 765 亩。西墅村非公有制企业规模较大，现有工业企业 37 家，其中规模以上企业 15 家，年产值超亿元企业 5 家。2014 年，村完成三业产值总量为 13 亿元，其中工业产值 12.8 亿元，农业产值 6800 万元，第三产业增加值 6200 万元。

在区、镇两级文件［包括《常州市武进区农村宅基地有偿使用指导意见（试行）》《常州市武进区湟里镇农村宅基地有偿使用制度和自愿有偿退出机制实施意见（试行）》等］指导意见的基础上，西墅村制定了《湟里镇西墅村农村宅基地有偿使用实施方案（试行）》，对有偿使用对象和范围、有偿使用标准和缴费办法等作出了明确的规定。根据该实施意见，在如下三种情况下需要缴纳宅基地有偿使用费。一是本集体经济组织成员因历史原因形成超标准占用宅基地的，以建筑占地面积扣除可享受面积后列入有偿使用范围；二是非本集体经济组织成员通过继承房屋占用宅基地的，按建筑占地面积列入有偿使用范围；三是非本集体经济组织成员以其他方式占用宅基地的，按建筑占地面积列入有偿使用范围。在有偿使用标准方面，该村首先根据本地宅基地使用的实际情况制定了每人 30 平方米的宅基地保障标准，本集体经济组织成员在该保障标准范围内无须缴纳有偿使用费。本集体经济组织成员超标准占用宅基地的，每户不超过 140 平方米面积标准上限的按每年 5 元/平方米收费，超出 140 平方米面积标准上限的按每年 10 元/平方米收费；非本集体经济组织成员通过继承房屋和其他方式在农村占用宅基地的按每年 10 元/平方米收费。在有偿使用费的征缴上，该实施办法充分体现了村民自治和民主的原则，规定由村民代表会议采取无记名投票和少数服从多数的方式表决本村民小组是否收取有偿使用费。村民代表会议决定收取有偿使用费的，本村民小组应开设有偿使用费专有账户，未开设专有账户的村民小组由村民委员会代为管理。

西塈村选择北野田自然村作为宅基地有偿使用试点组，截至2016年11月底，经村民代表大会通过，应缴纳有偿使用费农户16户，共计123210元，已缴纳有偿使用费88197元，涉及农户9户。收缴的宅基地有偿使用费村、组按3∶7的比例分成，主要用于村组集体经济组织内公益事业、公共设施建设。表4－2反映了北野田自然村部分村民缴纳宅基地有偿使用费的情况。以表4－2第2行户主为丁××的农户为例，该农户家庭有2人被认定为集体经济组织成员，按照每人30平方米的保障标准，该农户应享有的宅基地保障面积为60平方米。该农户宅基地的实际占地面积为196.03平方米，超出保障面积136.03平方米。其中，未超出140平方米标准面积的部分按每年5元/平方米收费，超出140平方米标准面积的部分按每年10元/平方米收费，因而该农户应缴纳的宅基地有偿使用费为960.3元/年。表4－2第6行户主为刘×的家庭不具有集体经济组织成员资格，该家庭使用的宅基地的实际占地面积为31.6平方米，按每年5元/平方米的收费标准（根据实际情况予以照顾），应缴纳的宅基地有偿使用费为158元/年。

表4－2　西塈村北野田自然村部分村民宅基地有偿使用信息统计表

| 户主 | 保障对象人数 | 1998年发证面积（平方米） | 建筑面积（平方米） | 实际占地面积（平方米） | 有偿使用面积（平方米） | 超过140平方米标准面积 | 年有偿使用费（元） |
|---|---|---|---|---|---|---|---|
| 丁×× | 2 | 76 | 304.27 | 196.03 | 136.03 | 56.03 | 960.3 |
| 陈×× | 3 | 126 | 678.48 | 297.19 | 207.19 | 157.19 | 1821.9 |
| 冯×× | 4 | 68 | 270.17 | 169.75 | 49.75 | 29.75 | 397.5 |
| 冯×× | 4 | 80 | 273.79 | 134.72 | 14.72 | — | 53.6 |
| 刘× | 0 | 29 | 31.6 | 31.6 | 31.6 | — | 158 |
| 刘×× | 4 | 96 | 236.4 | 137.52 | 17.52 | — | 87.6 |

续表

| 户主 | 保障对象人数 | 1998 年发证面积（平方米） | 建筑面积（平方米） | 实际占地面积（平方米） | 有偿使用面积（平方米） | 超过 140 平方米标准面积 | 年有偿使用费（元） |
|---|---|---|---|---|---|---|---|
| 施×× | 3 | 166 | 283.31 | 177.6 | 87.6 | 37.60 | 626 |
| 施×× | 4 | 142 | 224.45 | 156.97 | 36.97 | 16.97 | 269.7 |

武进区农村宅基地有偿退出主要有两种模式。其一是村民主导模式，即集体经济组织成员由于移居城市等原因主动自愿将宅基地使用权转让给本集体经济组织其他成员，或是集体经济组织成员主动退出宅基地使用权，由集体经济组织作价收回。其二是政府主导模式，即在以农村集体经济组织为主导的土地整治、增减挂钩工作中，农民先将多余的宅基地退还给集体。集体经济组织按照预期的收益确定合理的补偿标准，对农民进行补偿，并通过农村土地综合整治将宅基地复垦为农用地，除安置宅基地退出农户外可以结余一定的用地指标（包括农用地转用指标、耕地占补平衡指标等）。用地指标形成后，依托农村产权交易平台，在全区范围开展土地指标交易，促进土地资源的节约集约利用、保障集体经济组织的财产权益。

根据区、镇两级文件［包括《常州市武进区农村宅基地自愿有偿退出指导意见（试行）》《常州市武进区湟里镇农村宅基地有偿使用制度和自愿有偿退出机制实施意见（试行）》等］的指导意见，本着尊重农民意愿、保障农民权益和宅基地退出不与农民进城落户挂钩的原则，西墅村制定了《湟里镇西墅村农村宅基地自愿有偿退出实施方案（试行）》，对村民主导模式下的宅基地退出程序、补偿标准等作出了明确、具体的规定。在退出程序方面，该实施方案规定自愿要求有偿退出宅基地的村民，应持自愿退出宅基地及建（构）筑物申请表、农村房地产权证、居民家庭户口簿及家庭成员身份证明材料、集体经济组织讨论退地的书面意见、在其他地方有合法稳定住所的证明材料等向村委会提出退地申请。村委会接到退地申请后，应对农户的相关条件和资格进行初审。初审合格的，上报镇政府，经镇政府同意后会同有关部门在 15 个工作日内对农户家庭人员情况和宅基地及建（构）筑物进行清理丈量、登记造册、计算补偿费用，在所在村民小组张榜公布后由农户和村集体经济组织签订《自愿退出宅基地及建（构）筑物协议》。退出宅基地及建（构）筑物后原农村房地产权证依法予以注销。在退出补偿方面，该实施方案规定补偿标准不低于政府土地整治保底回购价（2015 年至 2016 年按 20 万元/亩计算），并根据区政府每年更新的土地整治回购价作相应调整。截至 2016 年 11 月底，湟里镇西墅村村集体经济组织已与倪××、闻××、唐××三户农户签订了农村宅基地有偿退出协议，退出宅基地面积 332 平方米，补偿价款共计 124500 元。嘉泽镇南庄村袁家组集体经济组织成员自愿有偿退出宅基地 3 宗，面积 612 平方米，补偿金额共计 37 万元。在政府主导模式方面，近年来，全区已累计投入 16.27 亿元，整治村庄用地 13170 亩，节余指标 4468.5 亩。

## 四　理论思考：武进农村宅基地制度改革的经验总结和理论探讨

### （一）武进农村宅基地制度改革的经验总结

**1. 坚持宅基地制度改革的正确方向**

“土地公有制性质不改变、耕地红线不突破、粮食生产能力不减弱、农民利益不受损”是农村土地制度改革试点工作中必须坚守的改革底线，“坚守耕地保护红线、坚持节约集约用地、尊重农民意愿”则是试点工作应遵循的基本原则。武进区以习近平总书记在安徽小岗村农村改革座谈会上的重要讲话为根本遵循，按照原国土资源部三项试点动员部署会议精神，做到坚守“四条改革”底线，准确把握改革导向，全面贯彻试点具体要求和任务。武进区专门成立了由区委、区政府主要领导任组长，分管领导任副组长的改革试点工作领导小组，从相关单位抽调10余名精干力量组建了试点办，进行集中办公，各试点镇村也建立了相应的领导小组和工作班子。建立了“周会商、月分析、季评估”的工作推进机制，及时召开了改革试点动员会议，定期组织开展试点工作推进会、政策业务培训会、试点村现场交流会。组织研究团队赴国土部对接改革工作，聘请多名专家教授组成技术团队提供智力支撑，邀请相关专家举行政策研讨，召开基层群众座谈会，确保准确领会中央改革意图、摸清群众改革需求。

**2. 注重宅基地制度改革与农村各项改革的统筹协调**

宅基地制度改革与农村土地征收改革、集体经营性建设用地入市改革之间具有紧密的联系，通过将征收农民住房补偿和确保农民户有所居保障相结合，可以统筹宅基地保障和土地征收多元化保障，而宅基地整治腾出的建设用地可以转为集体经营性建设用地入市。武进区坚持树立系统性思维，做好整体谋划和顶层设计，结合农村综合改革，系统性、整体性、协同性地推进农村宅基地制度改革试点工作。紧扣国家“双创”示范基地、苏南现代化示范区建设、城乡融合发展的定位，注重宅基地改革与武进区经济社会发展大局的统筹协调。加快编制村级规划，定位、定性、定规模，实现多规融合，“一张图”引领改革试点；以健全体制机制为目标，将宅基地制度改革与农村产权制度、金融制度、户籍制度改革、城乡一体化和就地城镇化等有机结合，“一体化”统筹改革任务；整合多方力量，加强上下联动，“一盘棋”协同改革创新；加快探索农村宅基地转让、退出、权益转化的有效途径，建立政府、集体、个人利益分配机制，“一本账”理顺改革体系。

**3. 宅基地制度改革推进过程中坚持循序渐进原则**

武进区坚持“由点到面、逐步推开”的原则，先完善、再探索、后创新，分类分批开展试点。首批确定3个模拟推演村、3个试点村和1个试点镇进行推进。其后以改革示范村创建为抓手，通过自下而上申请，在全区11个镇、3个开发区遴选了23个创建村，进一步试验政策制度的推广性、保障标准的可行性、四大平台的实用性、宅基地权能实现的合理性，全方位、多类型打造改革样本，有效带动全区农村宅基地改革试点工作。在组织保障上，建立事前评估、事中控制制度，引进第三方机构对改革实施风险评估，确保改革方向正确，风险可控，社会稳定。在改革试点中广泛宣传发动群众，充分尊重农民意愿。在宅基地保障对象、有偿使用、有偿退出标准等方面，均通过村民会议民主决策来确定。

**4. 注重将改革实践转化为制度性成果**

武进区立足于东部经济发达地区的区域特征，注重总结提炼符合地区实际的好做法好经验，客观评估在其他类似地区进行复制和推广的可行性。武进区把“试制度、试成效”作为核心任务，坚持问题导向，将“解决历史问题、化解发展矛盾、理顺分配机制”作为改革重点贯穿于三项试点任务中，注重改革试点与武进实际紧密结合。按照“改革试点与法律修改要相向而行、同步推进”的要求，侧重以自然资源部（原国土资源部）提交的《土地管理法》修正案和暂停实施的法律条款为制度创新和实践探索的方向，力争改革试点为修法提供更为坚实的实践支撑。结合行政审批制度改革全流程梳理和明确了宅基地改革试点事前、事中、事后所涉及的行政审批事项办理要求，配套出台了农村生态补偿、农村产权交易等相关文件30多个，形成了具有苏南特点、武进模式的区级规范性制度体系。

### （二）武进农村宅基地制度改革的理论探讨

现行宅基地制度带有浓厚的福利性色彩，客观上起到了保障农民基本居住权利和维护社会稳定的重要作用。但这一制度所具有的身份性、无偿性、流转受限性等特征也引发了宅基地闲置和超标准占用、宅基地财产权利难以实现等一系列问题，并且这些问题随着工业化、城镇化进程的推进而愈加凸显。深入剖析现行宅基地制度的缺陷，对宅基地制度改革进行理论思考，对于优化宅基地资源配置、保障农民土地财产权益具有重要意义。

**1. 宅基地使用权权能不完整限制了宅基地流转**

在现行宅基地制度下，宅基地使用权是在集体土地所有权上创设继受取得的用益物权。从《物权法》的规定来看，宅基地使用权人对集体所有的土地享有占有和使用的权能，但未明示其应否享有收益这一核心权能，从其他法律的规定中也未能寻找到关于其收益的规制。作为集体经济组织的成员，以农户为单位获取本属于集体共有的宅基地，不能完全等同于是对他人的不动产享有的用益物权。基于成员权获取的集体共有财产，应同身份权相联系的福利分配相对应。从这个意义上讲，成员权创设的宅基地使用权，福利色彩浓，收益功能弱。宅基地使用权权能的不完整在客观上限制了宅基地流转。具体来说，《物权法》第一百五十二条规定：“宅基地使用权人依法对集体所有的土地享有占有和使用的权利，有权依法利用该土地建造住宅及其附属设施。”可见，根据物权法定原则，宅基地使用权只具有“占有”和“使用”两项权能，《物权法》并未赋予其收益与处分的权能。而且，对“使用”的外延也作了限定，即只是“依法利用该土地建造住宅及其附属设施”，不能用于其他用途。

**2. 宅基地确权登记制度尚需进一步完善**

宅基地流转和退出的前提就是要有清晰的边界和权属，从而明确流转中各方的权利和义务，确定接受补偿的主体和数额标准。虽然农村宅基地和集体经营性建设用地已被纳入了不动产统一登记的范围内，自然资源部也出台了《关于进一步加快宅基地和集体建设用地确权登记发证有关问题的通知》等一系列文件完善宅基地确权登记制度，但在相当一部分地区宅基地使用权发证率仍然较低，制约了宅基地制度改革的推进。现实中实际存在的农村住宅的买卖和租赁行为通常不能得到登记，土地权属和宅基地之上的房屋所有权归属混乱，增加了农村土地管理的复杂度；由于缺乏相关法律法规的限制和引导，农村宅基地私下流转双方的财产权益都得不到保障。此外，由于农村住房私下交易的发生，往往会出现房屋所有权人与宅基地使用权人不对应的情形。在房地分离的情况下，农村住房私下交易也会出现房屋所有权人不符合宅基地保障对象条件的情形。因而，农村地区房屋所有权、宅基地使用权的确权登记难以照搬复制城市不动产统一登记的经验。

**3. 部分地区宅基地流转和退出缺乏正确的引导**

部分地区地方政府宅基地退出动机不纯，一味追求建设用地指标。由此导致的结果是部分地区的集中上楼引发了一定的社会矛盾，存在农民“被上楼”现象。近年来，城乡建设用地增减挂钩、土地换社保、宅基地换住房及集中居住等措施确实节约了用地，为城市发展腾出了空间，但也使得农民宅基地成为部分地区地方政府和房地产商借地生财的对象。部分地区的集中上楼活动在一定程度上侵害了农民宅基地权益。具体来说，部分地区补偿办法由政府单方确定，没有尊重农村集体经济组织和农民作为土地所有权人和使用权人、作为独立市场主体地位和平等公民应有的权利和意愿。补偿内容一般分为宅基地和地上附着物，地上附着物主要包括住房、附属设施和庭院。就目前情况来看，针对宅基地实际面积进行补偿的较少，一般以房屋面积为主，只对房屋面积给予安置补偿，对宅基地要么不给予补偿，要么只给予“合法确认”面积补偿（没有确认的不给予补偿）。

### （三）农村宅基地制度改革制度设计中需关注的问题

**1. 明确“三权分置”背景下宅基地各项权能内涵及相互关系**

中共中央、国务院《关于实施乡村振兴战略的意见》明确提出“完善农民闲置宅基地和闲置农房政策，探索宅基地所有权、资格权、使用权‘三权分置’，落实宅基地集体所有权，保障宅基地农户资格权和农民房屋财产权，适度放活宅基地和农民房屋使用权”。探索宅基地“三权分置”，既要明确各项权利的内涵界定、权能赋予，也需要明确各项权利的权利边界和相互关系，健全权能完整、流转顺畅、保护严格的宅基地制度。在落实宅基地集体所有权方面，首先应明确集体经济组织根据村级土地利用规划和村庄建设规划公平、合理地分配宅基地的权利；其次应赋予集体经济组织对宅基地使用的监督权，以及对宅基地有偿使用和宅基地自愿有偿退出的组织和管理权；最后应适度强化集体经济组织在特定条件下（如违法建设、长期闲置等）调整、收回宅基地的权利。在保障宅基地农户资格权和农民房屋财产权方面，应像严格保护农户土地承包经营权一样，保持稳定并长期不变，无论宅基地如何流转，都不能改变农民家庭作为集体经济组织成员的居住权。在适度放活宅基地和农民房屋使用权方面，应赋予符合条件的流转主体更有保障的收益、处分权能，因地制宜地完善农房抵押、租赁等相关制度，丰富宅基地使用权能的实现渠道。此外，由于宅基地承载着民生保障和社会稳定功能，因而宅基地制度改革必须审慎稳妥推进，在放活宅基地和农民房屋使用权的同时严格遵守“不得以买卖宅基地为出发点，不得以退出宅基地使用权作为农民进城入户的条件”的底线。

**2. 清晰界定集体经济组织成员资格，做好宅基地改革的基础性工作**

根据《土地管理法》等法律的规定，宅基地申请主体必须具有农村集体经济组织成员资格，表明宅基地使用权的初始取得带有明显的身份性特征。然而，相关法律法规却未对如何认定集体经济组织成员资格作出明确、具体的规定。随着工业化、城镇化进程的快速推进，人员的流动性大大增强，对相关问题作出明确规定既是确定宅基地有偿使用费征收对象和征收范围的基础，也有利于减少宅基地流转过程中产生的争议和纠纷。开展宅基地制度改革试点的县（市、区）大多根据《村民委员会组织法》《农村土地承包法》和地方的《农村集体经济组织管理办法》中的规定，并结合当地实际情况，出台了集体经济组织成员资格认定意见，对于其他地区具有很好的借鉴意义。最普遍、最可行也是法律、法规依据最充分的方法是考虑是否拥有本地户籍，即：户籍在本集体经济组织且长期生产生活在本集体经济组织的农村居民及其所生子女，因婚姻、收养等关系已办理合法户籍迁移手续的本村村民，户籍仍在本集体经济组织的现役义务兵和在校大中专学生等，为本集体经济组织成员。但在集体经济组织成员资格的认定中也应充分考虑历史情况和特殊原因，掌握一定的弹性和灵活度。例如，对于户籍在本地，但实际长期在城镇地区生产、生活并已安家的，也可考虑认定其不拥有本集体经济组织成员资格。

**3. 宅基地制度改革中注重因地制宜做好差异化的政策设计**

在宅基地制度改革过程中，应充分考虑到不同地区在经济社会发展水平、农村基层组织建设、宅基地权属登记状况等方面的差异，因地制宜地做好差异化的政策设计。东部沿海地区产业基础好、外来人口多，因而非本地居民的住房需求旺盛，宅基地流转方面的制度需求也相应较高，而中、西部地区的农村大多属于传统农区，外来人口的租赁需求较小。农村基层组织建设方面，一些地方自从取消人民公社后，群众性的自治组织没有得到健全和完善，而一些地方的集体经济组织的运行情况则相对较好。在总结宅基地制度改革试点地区的经验时，也应特别关注这些差异化的政策，并进一步提炼其推广意义。例如，安徽金寨县在宅基地退出过程中充分利用国家级贫困县的政策优势，将退出补偿款与易地扶贫搬迁、水库移民、农村危房改造等项目补助相叠加，并将宅基地复垦腾退节余建设用地指标在省域范围内有偿调剂使用，大大缓解了宅基地制度改革的资金压力。市场化程度、城镇化率较高的浙江义乌市，则已逐渐实现了宅基地从永久无偿向分类有偿的转变：在宅基地分配时，允许有偿调剂；在宅基地落地前，开展有偿选位；在宅基地建成后，实行有偿超占（对轻微违法者）；在宅基地流转时，推行有偿退出。该市还率先在全国建立了全市宅基地地价体系，为宅基地量化价格提供了依据。

# 第五章　公利界定与私利保障：农村土地征收制度改革再出发

我国《宪法》第十条规定："国家为了公共利益的需要，可以依照法律规定对土地实行征收或者征用并给予补偿。"同时第十三条又规定："合法的私有财产不受侵犯。国家为了公共利益的需要，可以依照法律规定对公民的私有财产实行征收或者征用并给予补偿。"宪法对土地在内的私权利进行保护的同时也保留了国家征收征用的权力。国家应该在运用公权力和保护私权利之间保持平衡，促进资源利用的效率和社会财富分配的公平正义。在现行法律制度下，农用地只能经由征收（然后出让）才能转为建设用地的立法取向，实际上已经对农民的财产权构成了严重损害（张鹏、高波，2015）。一直以来，现行征地制度为我国快速城镇化、工业化提供了保障，但其弊端也日益突出，如强制性的征收方式、不完善的甚至是粗暴的征地程序以及单一的补偿方式、过低的补偿标准与"三农"、耕地保护、城镇化、社会财富分配等问题交织在一起，由此衍生的土地权益矛盾日益突出，加剧社会财富分配不公，影响了社会稳定。现行的土地管理制度牺牲农民土地发展权而未进行补偿，城乡差距越来越大，由此带来的社会福利损失难以估量。征地问题的症结是补偿问题，其本质是土地产权收益分配问题（柴铎、董藩，2014）。

本章在对武进征地制度改革试点的主要做法及成功经验进

行详细介绍的基础上，延伸到当前我国征地补偿制度存在的问题，重点探讨在我国公有制背景下，如何借鉴英美发达国家土地发展权制度确定增值收益分配模式及征地补偿价格问题。

## 一 武进区土地征收改革主要做法总结

武进区适时将三块地打通，统筹协调，统一规划，将土地征收制度改革、宅基地制度改革及集体经营性建设用地入市三项改革统一推进，为发达地区土地制度改革积累了宝贵的经验。在征地制度改革方面，武进区针对当前征地过程中存在的问题，诸如：公共利益征收范围界定不清；征地程序不完善，存在暗箱操作空间，容易滋生基层腐败；补偿标准过低、补偿方式单一，农民长久生计得不到保障；农民话语权缺失、诉求得不到满足，维权难，征地过程中风险和冲突加剧等问题，结合武进具体实际探索出了一条保民生、促增收，既保护公共利益同时不损害农民利益的征地改革基本路径。具体做法体现在如下几个方面：

一是深入研究出台《常州市武进区土地征收范围（试行）》政策文件，制定正负两张清单，缩小土地征收范围，明确将6大类21个具体类别的项目建设用地纳入征地范畴。试点以来，武进区对照新的征地范围要求，在保证地方经济社会发展用地供给基本平稳的条件下，逐步有序收口征收方式供地项目，目录内征收比例从2016年的57%上升到2017年的81%，特别是2018年以来全部按照征地目录实施土地征收。对于未列入征收范围的项目，鼓励通过集体经营性建设用地入市解决用地问题。2016年全区征地156宗，2017年139宗，2018年108宗，2019年至今20宗，征收范围缩小趋势十分明显。

二是出台《关于开展优化土地征收程序试点工作的意见》，以“先协议后征地”为核心优化土地征收程序，有效保障被征地农户的土地权益。本着“公开、公平、公正”的原则，就征地工作方案、征地告知书内容等与被征地集体经济组织进行协商，被征地集体要召开“两委”会和村民代表大会，充分听取被征地农民的意见和建议。被征地村（社区）集体经济组织及被征地农户申请听证的，征地实施单位要及时组织听证。尊重农民的合理诉求，在充分协商谈判的基础上，由征地实施单位与被征地的村委会、社区居委会签订土地征收协议；在征地实施单位的统一部署和指导下，村委会（集体经济组织）与被征地地上附着物和青苗权利人签订地上附着物、青苗补偿协议；村委会与家庭承包户签订解除农村土地承包经营协议；完成征收土地相关协议的签署，且补偿费用和社会保障费用资金落实到位后，方能依法依规开展土地征收报批相关工作。

三是制定《关于加快推进被征地农民多元化保障工作的意见》，构建“六位一体”的多元化保障体系，增强被征地农民的获得感、幸福感。围绕征地后农民的住房、就业和可持续生计，构建“六位一体”的多层次、全方位保障体系（即多方式、自由组合的住房保障，高标准、城乡一体的社会保障，托底线、分类引导的就业保障，多渠道、稳定增长的股权分红保障，全方位、互联互通的基础设施保障，持续、均等、普惠的公共服务保障）。同时建立了土地征收区片综合地价工作机制、农村宅基地及地上房屋补偿标准动态调整机制，探索留股、留用地、留用物业安置等新型安置方式，采用留用地安置的，原则上按照不少于规划征地总面积的5%留给集体（以镇为单位核算）；采用留用物业安置的，按照不少于住宅建筑面积的3%配套经营性用房（含社区公共服务用房）留给集体，使农民得以分享工业化、城镇化的发展红利。洛阳镇洛凯机电公司在征地过程中，与村民协商同意后探索了留股份安置，上市前给所在村集体安排836万股原始股份，目前市场价值超亿元。

在住房保障制度方面，按照“三区三类”规划（城区、集镇区、乡村地区和特色村、重点村、一般村三种类型）要求，围绕“留、聚、转”三种模式制定引导激励政策，中心城区以货币化补偿为主要形式进行保障，集镇地区以公寓房分配为主、货币化补偿为辅的形式进行保障，乡村地区以“一户一宅”宅基地分配为主、公寓房和货币化为辅的形式进行保障，实现户有所居保障率达100%。

在基本生活保障制度方面，提高集体筹资和财政补贴比例，不断提高被征地农民保障待遇水平。完善农村居民基本医疗保险体系，加大财政补助力度，提高保险支付标准。探索出台激励政策，建立与企业职工保险的衔接办法，鼓励和稳妥推进未征地的农村劳动者提前纳入企业职工养老、医疗保险制度。逐年提高城乡一体的“低保”标准。

在就业保障制度方面，建立城乡统一的人力资源市场，制定实施城乡统筹就业规划。完善覆盖城乡、直达到村的公共就业服务网络，促进就业服务标准化和信息化，全面提升“15分钟就业服务网”建设水平。落实好被征地农民免费职业技能培训和免费职业推介政策，提供就业咨询、就业指导等服务，促进被征地农民就业。鼓励各地组建劳务合作社，帮助被征地农民中有就业意愿的“405060”人员就业，政府公益性岗位优先提供给劳务合作社，各地统一为参加劳务合作社的人员购买意外伤害保险。

在股权分红保障制度方面，鼓励以村为单位组建社区股份合作社，确认农村集体经济组织成员，明晰集体资产所有权关系，落实农民的股东管理权利。在征地拆迁过程中，通过探索留地、留股安置，或动员农民将多余的安置房折价入股，通过统一经营以获取稳定可靠的投资收益。通过抱团投资，在完善产权管理制度和资产运营机制的基础上，实现集体产业规模发展，提升集体资产的投资效益。

在基础设施保障制度方面，通过征地拆迁，农民实现集中居住，大大降低了基础设施分散布点的投入成本，加快了基础设施的建设和连通，基本生活设施全面与城市接轨，不但极大地改善了农民的居住环境，也为社区的可持续发展优化了环境条件。

在公共服务保障制度方面，对征地拆迁后的集中安置社区，强调从居民需求出发，以改善民生为本，积极解决居民反映的问题，在服务居民、服务社会中彰显社区的价值。加强社区科教、文体、卫生、商服等各类公共设施配套，提升居住生活质量，切实增强被征地后农民生活的幸福感。

## 二　典型案例剖析

### （一）案例一：武进区的土地征收清单——保障公利

武进区通过建立“正面清单”和“负面清单”的方式，明确界定公共利益征收范围，实现全面缩小土地征收范围的目标。在《划拨用地目录》《国有土地上房屋征收与补偿条例》的基础上，按照改革的具体要求，结合武进区的实际并经过了多层次、全方位的政策研讨，最终出台了《关于印发〈常州市武进区土地征收范围（试行）〉的通知》（武土改〔2017〕4号），列出了土地征收的“正面清单”和“负面清单”，并采用打补丁的方式不断优化和补充清单。通知规定以用途作为界定公共利益用地的主要参考标准，只有6大类21个具体类别的项目建设才可以征收土地。这6大类项目建设，主要包括国防和外交方面的工程建设、由政府组织实施的基础设施建设、各类公共事业项目建设、保障性安居工程建设、为实施城市规划而进行的成片开发建设、综合保税区建设等。这一做法既可以保障涉及国家安全、国民经济和社会发展等公益性项目用地需要，同时符合缩小征地范围的目标。

武进区通过征收清单列举的方式，严格界定了公共利益用地范围，对于未列入征收范围的项目，原则上不再办理集体土地征收为国有土地的手续。而是引导项目主体以出让、租赁、作价出资（入股）等改革试点允许的方式，取得农村集体经营性建设用地使用权，解决用地问题，实现项目正常落地。2017年9月湖塘镇一家汽车零部件制造厂，申请征收40000多平方米土地，结果这个项目不在征收清单6大类中的任何一类，而被当地土地管理部门“一票否决”。即使在征收清单列表范围内的土地利用，也遵循了能不征收尽量不征收的原则，最大化地实现缩小征地范围的目标。比如，出于文物保护目的需进行土地征收的，根据文物保护相关规定，考虑到集体土地上文物保护由于产权不清容易引起纠纷和矛盾，只有在国有土地上才更有利于对文物遗址的保护，一直以来都是政府主导的方式将土地使用权转移到代表国家行使保护和管理权的文物行政机构或事业单位名下，然后开展相应的保护性措施和投资。文物保护在武进区公共利益征收清单列表中明确位于第3大类，是可以通过征收实现的。但是武进区在实际操作中，对于土地使用权即使不转移也不会影响文物的用地，采取了非常谨慎的态度，能不征收尽量不通过征收来实现，最大化地践行了缩小征地范围的目标。

### （二）案例二：西湖街道六位一体多元保障——平衡私利

以武进区西湖街道园区为例，在实践中逐步形成了住房、社保、就业、股权分红、基础设施、公共服务“六位一体”的多元化保障模式，为深入推进土地征收制度改革提供了有益经验。

（1）多方式、自由选择的住房保障。西湖街道园区征地安置政策总的原则是旧房补偿“以房为主”、新房安置“以人为本”；即对农户旧房，按照房屋面积由中介公司评估后补偿，补偿价格为1000—1500元/平方米；新房按照保障人口40平方米/

人进行安排，对独生子女、未婚青年、独居老人等特殊情况另照顾40平方米/人。在具体保障上，体现了三个原则：一是政策全面周到。在安置房保障的基础上，街道出台货币化和定销商品房等多种保障方式，对不需要安置房的农户给予货币补偿或商品房保障。二是选择灵活多样。对安置房、货币化、定销商品房等多种安置方式，农户可根据自身需求，任选一种、两种甚至三种方式，灵活组合。各类房屋面积可根据需要自由搭配，如可选择2套120平方米或3套80平方米。三是补偿合理到位。一个典型的农村五口之家（两位老人、一对夫妇带一个小孩），可有5个安置人口+1个照顾人口，可安排240平方米的公寓房，分2套或3套居住和出租；也可选择获得货币补偿100多万元，根据本地区房价完全可以到城区购置140平方米以上的商品房。这一方式更加贴合农民需求，补偿方式更加灵活有弹性。

（2）高标准、城乡一体的社会保障。全面建立城乡一体的基本生活保障体系，提高被征地农民的保障水平和补偿标准。一是养老保险一体化。将被征地农民分为四个年龄段，未成年人员一次性给补助金，待就业后再纳入社保体系；超过退休年龄人员，因无法进入保险体系，实行按月保养政策；其余两个年龄段人员，通过政府和集体补缴保险费直接纳入职工养老保险体系，并根据不同就业情况，按月给予生活补助。二是医疗保险一体化。出台城乡居民基本医疗保险政策，将城乡居民纳入统一的医保体系。建立城乡基本医疗保险与职工医疗保险互转通道，鼓励被征地农民进入职工医疗保险体系，提高保障待遇。财政加大补贴力度，实施特定病种补助、大病补助等政策，逐年提高报销支付标准。三是“低保”一体化。实行城乡统一的最低生活保障标准，并与常州市市区接轨，进一步保障困难群众生活。通过这种方式，武进区建立起高标准、全面覆盖、统一的城乡居民社会保障体系，给失地农民提供了最基本的社会保障。

（3）托底线、分类引导的就业保障。实施积极的就业政策，促进被征地农民自主就业，确保“失地不失业”。一是拓展就业空间。街道建立镇级人力资源市场，开设人才集市，对被征地农民实行免费职业推介。目前职业介绍超过2000人次，为1000多名被征地农民找到就业岗位。大力建设众创空间等创业平台，鼓励被征地年轻人创业创新。二是强化技能培训。依托职业技能培训中心，街道对被征地农民开展电工技术、车床操作、CAD制图等多项免费技能培训，累计培训800多人次。三是托住就业底线。街道吸收辖区内被征地农民中有就业意愿的“405060”人员，组建劳务专业合作社，并从资金政策方面给予扶持。政府公益性岗位，优先提供给劳务合作社，同时政府牵头帮助劳务合作社承接园区企业的餐饮、保洁等外包服务。目前，劳务合作社已提供就业岗位近500个。通过积极引导就业，加大就业培训等措施，解决了农民的长久生计问题，避免了一次补偿带来的各种社会问题，预防了被征地地区返贫现象的发生。

（4）多渠道、稳定增长的股权分红保障。街道充分发挥苏南地区集体经济强的优势，加快农村集体产权制度改革，增加农民财产性收入。一是量化股份、明晰产权。征地过程中，以村为单位组建社区股份合作社，明晰集体资产产权，确认农村集体经济组织成员，实现集体资产保值增值。街道共组建社区股份合作社4个、成员8865人，量化集体资产1.9亿元，年人均分红1000多元。二是房屋入股、富民投资。搬迁过程中，居民大多分到了2—3套或更多的安置房。街道组建富民合作社，鼓励农民将多余的安置房折价入股，把房权转化为股权。如将120平方米安置房作价入股，目前每年可获得14400元分红，高于市场出租价格。三是抱团投资、规模发展。为化解资产规模小、投资风险大等问题，街道组织各社区股份合作社抱团发展，出资成立鸁河置业公司，投资建设综合市场和民营工业园，目前两项目每年租金达1650万元。安置区配套建设的10栋、4万平方米的临街商铺，作为集体经济发展留用房由置业公司对外出租，每年租金收入达400多万元。通过壮大、盘活集体资产，增加集体收益来进一步增加农民收入。

（5）全方位、功能完备的基础设施保障，可持续、均等普惠的公共服务保障。通过征地搬迁，农民实现集中居住，大大降低了基础设施分散布点的投入成本，加快了基础设施的建设和连通。安置小区基本生活设施全面与城市接轨，户户喝上自来水，用上天然气、数字电视，社区光缆全覆盖，供电设备完全按照城市小区标准统一建设，社区周边路网发达，设有多个公交站，居民生活质量明显提升。小区内绿化、雨污管线规划建设到位，污水直接收集处理，改变了分散居住生活污水直排的状况。安置小区纳入海绵城市建设试点，水利工程建设全面实施，抗涝标准达到城市同等水平。

街道组建聚新物业服务公司，加强安置小区管理和服务。安置区范围内技术防范网络实现高度覆盖，保障社区居民安全。社区配套有幼儿园、中小学（礼河实验幼儿园、礼河实验学校），为适龄受教育对象提供家门口的上学便利。医疗设施方面有配套的礼河卫生院，综合市场、大型超市也为社区居民提供了生活便利。除传统的健身广场、篮球场之外，集中居住后还建有面积超过1500平方米的社区文体活动中心，社区群众自发成立多支文体队伍，如社区腰鼓队、龙灯队、篮球队、乒乓球队等，定期组织开展活动，享受丰富多彩的精神文化生活。通过增加基础设施和公共服务设施的投入，不断满足被征地农民的需求，实现被征地农民的市民化，提升农民的生活水平。

武进区西湖街道完善了住房、社保、就业、股权分红、基础设施、公共服务“六位一体”的多元化保障体系，通过实施合理的补偿安置政策、探索留用物业、加大就业培训力度等多种保障途径，改善了农民居住环境，促进了农村劳动力转移就业，发展壮大了农村集体经济，加快了城乡统筹发展，实现了被征地农民生活水平有提高、长远生计有保障。

## 三　理论思考

### （一）公共利益界定思路

大多数国家和地区的立法普遍认可的公共利益至少应该满足两点要求：一是要有公共使用的性质，二是须符合公共利益的用途。国家动用征收权必须同时满足“公用”和“合理补偿”两个要求。详细来说，国家征地权的本质属性包含以下几点：首先，征地权是通过法律来赋予的，是服务于国家机器的，国家或者政府有权力征收私人土地满足公共事业需要；如果出于公共目的，那么征地权处在土地所有权之上，可以对抗私人产权，这在土地私有制国家尤其明显；征地权可以看作法律赋予政府的一种“特权”，但是政府只有基于公共目的才能行使这一权力；此外政府行使这一特权不应以营利为目标，不能为了经济利益滥用土地征收权；国家一旦动用土地征收权，那么对私人的合理补偿是必需的。

合理界定公共利益时，应充分考虑到用地主体、用地类型、是否以盈利为目的以及规划管制等要求综合考量。如用地主体完全出于公共目的，就通过用地主体来确定；如用地主体存在多种类型的，无法按照用地主体来确定的，可以通过投资建设主体结合“非营利”要求来确定。例如：用地主体属于典型的公共与公益事业主体的用地，国家、政府机关及军事用地等，这类用地应首先纳入公共利益征地范围内；此外，还应包含非营利性的公共设施与公益事业用地，包括城市基础设施用地，交通、水利设施用地等。如果这类用地涉及营利性与非营利性并存的，只将非营利性的用地纳入征地范围。基于完善基础设施建设，加强管理、集约、合理用地的角度，还应将城市规划区范围内，满足成片开发要求的用地也纳入征地范围。

对于公共利益界定，各地普遍采用了列举的方式。正面列举是要对公共利益进行界定，同时对显而易见的公共利益的事项进行列举。负面列举意味着某些显然不是公共利益的事项，比如明确把房地产开发排除在公共利益之外。另外辅之以程序保障，因为有一些事项到底是不是属于公共利益还需要具体探讨，对这样的事项，如果有严格程序来确定它是否属于公共利益，对解决争议而言是有重要意义的。

### （二）土地发展权与征地补偿模式

欧美国家土地发展权制度运行很大程度上依赖于私有土地产权和自由市场交易机制，如果不考虑我国公有制的现状和国情，强行引入土地发展权制度则可能导致相关公有制政策调整的制度成本远超其红利。当前不少学者提出，借鉴欧美土地发展权制度，运用市场机制基于土地权益价值确定征地补偿标准的思路。例如：借鉴欧美发达国家的土地发展权制度，引入其产权价值衡量的基本思路，但不是照搬发达国家的土地发展权制度。如何在中国土地公有制框架内借鉴土地发展权制度，指导土地补偿价值评估，才是问题的关键所在。可以考虑在土地公有制环境下，采用替代市场交易机制的“征后补偿型”土地产权价值作为征地补偿定价理论方法。改革征地补偿的根本途径在于用市场机制替代土地利用强制性干预和交易壁垒，建立和完善集体土地产权交易制度和市场平台，利用市场机制的价值发现功能，厘清土地要素的充分实际价值。

目前，借鉴发展权制度运用市场化手段确定征地补偿标准的研究的代表性思路包括，首先，可以采用意愿调查法（CVM）和选择实验模型法（CE），通过对集体土地权利人对土地最佳用途期望还原其土地要素收益意愿，将其作为征地补偿标准制定的依据。其次，可以采用案例比较的方法，通过对实证区域单位面积农用地现阶段利用条件的研究，将其与最接近于该利用条件的土地在实际经营过程中的单位面积最高经济效益（工业或商业用途收益）相比较，作为集体土地产权的实际利用收益进而确定征地补偿的参考值。

对初次补偿，可以考虑通过案例比较确定农村集体自主经营土地所能获得的最高净收益，对农村集体给予初次补偿。第二次补偿，是在征收土地再开发并投入经营一段时期后，通过生产调研获取数据，构建土地价值生产函数，求得该土地要素收益净值；经过前后比较对农村集体实施二次补偿。而土地规模报酬超额利润分成则可通过征地后的其他安置措施如给予失地农民工作机会、购买社会保险等方式加以实现。

### （三）土地发展权归属与增值收益分配

目前关于土地发展权归属及增值收益分配的研究中：一种观点是“土地发展权国有论”，认为土地发展权在理论上源于国家土地管制而非土地所有权，因此作为土地发展权的自然延伸，土地增值收益也应归国家所有，之后的二次分配可以通过转移支付实现地利共享。国有论下，土地增值收益分配遵循“土地管制权—土地发展权—土地增值收益一次分配归公，二次分配归私”。另一种观点是“土地发展权私有论”，认为土地发展权是土地所有权的附属，土地发展权所有者享有一次分配的增值收益，之后国家可以通过税收的方式在二次分配时分享部分增值收益。这一观点下，土地增值收益分配遵循“土地所有权—土地发展权—土地增值收益一次分配归私，二次分配归公”。不论哪一种观点，一致的地方在于都把土地增值收益看作土地发展权的延伸，发展权的归属一定程度上决定了增值收益的分配。

土地发展权是属于土地所有权固有内容，如果土地增值要征税，土地贬值同样需要补偿。在征收过程中，合理的土地增值收益分配机制可以通过“承认土地发展权 + 市场价格补偿 + 合理征税”机制来实现。政府首先应当承认并尊重土地所有者的土地发展权，在征收过程中应当按照市场价格给予公平补偿而不是低价甚至无偿剥夺非国有土地的发展权；之后再通过征税的方式，来调节和平衡国家、集体、个人还有不同区域在土地增值收益分配的比例，二次分配注重公平。涉及基本农田、自然环境保护区为了维护公共利益时，合理的土地增值收益分配机制还应通过“承认土地发展权 + 规划管制 + 发展权市场化交易”机制来实现。在尊重发展权的基础上，将管制性征收与市场化补偿结合起来，既维护公权，又同时保障私权。

# 第六章　收益共享、富民强村：农村土地增值收益分配新视角

## 一　两确保一增强：镇级主导、收益共享、壮大集体经济

常州市武进区充分发挥集体经济发达的特点和优势，建立“两确保一增强”的土地增值收益分配机制，即在农村集体经营性建设用地入市过程中，财政通过收取调节金确保与税收方法的收益保持基本一致，农民直接取得的补偿性收益确保与土地征收保持基本不变，增值收益主要留给镇、村集体经济组织，用于增强集体经济实现二次分配，防止“一夜暴富”和贫富差距拉大。截至 2019 年 9 月，武进集体经营性建设用地入市土地增值收益达到 38.1 亿元，入市收益调节金近 14 亿元；惠及农民 67.5 万人。

### （一）土地增值收益分配依据

为规范农村集体经营性建设用地入市行为，构建城乡统一的建设用地市场体系，保障农村集体经济组织和农民的合法权益，根据《全国人民代表大会常务委员会关于授权国务院在北京市大兴区等三十三个试点县（市、区）行政区域暂时调整实施有关法律规定的决定》（人大常会字〔2015〕1 号）、《中共中央办公厅　国务院办公厅关于农村土地征收、集体经营性建设

用地入市、宅基地制度改革试点工作的意见》（中办发〔2014〕71号）、《国土资源部关于印发农村土地征收、集体经营性建设用地入市和宅基地制度改革试点实施细则的通知》（国土资发〔2015〕35号）和《江苏省常州市武进区统筹协调推进农村土地制度改革试点实施方案》等文件精神和有关要求，武进区结合自身实际，制定了有关集体经营性建设用地入市以及土地增值收益分配的办法。

### （二）土地增值收益分配思路

《常州市武进区农村集体经营性建设用地入市管理办法（试行）》（武土改〔2017〕1号）对集体经营性建设用地入市增值收益分配进行了系统性的规定。具体包括：（1）集体经营性建设用地入市，应承担相应的基础设施建设等开发成本。集体经营性建设用地使用权发生出让、租赁、作价出资（入股）和转让等交易行为的，交易双方都应当按照规定缴纳土地增值收益调节金。（2）土地增值收益调节金主要用于统筹城镇和农村基础设施建设、农村生态补偿、被征地农民保障、风险基金等。（3）农村集体经济组织获得的集体经营性建设用地入市增值收益，归农村集体经济组织所有，在集体经济组织内部合理分配。主要用于量化股权、社会保障、完善基础设施和提升农村公共服务等公益事项。建立集体经营性建设用地入市增值收益辅助账户，纳入农村集体三资平台统一管理。

《常州市武进区农村集体经营性建设用地入市收益调节金征收和使用管理暂行办法》（武土改〔2017〕2号）对保障国家公平分享土地增值收益和调节金的使用作出了规定，明确调节金主要统筹用于城镇和农村基础设施建设、农村环境整治、生态补偿、土地复垦、失地农民保障以及对农村经济困难群众的社保补助和特困救助等。征收的调节金全部由区级财政统一安排使用，使用时按照区与镇（开发区）各50%安排使用，实行财政专户管理，其中镇分成部分的20%由区统筹用于扩充设立农村“三权”抵押贷款风险补偿资金。

《常州市武进区农村集体经营性建设用地入市净收益管理办法（试行）》（武土改〔2017〕3号）对保障集体、个人公平分享土地增值收益进行了相关规定，具体包括：（1）镇级入市净收益应由镇（街道）集体经济组织（资产办）统一管理，未建立或不健全的由镇（街道）财政代管，并设立专户实行单独核算管理，可用于本镇（街道）农村基础设施建设、农村居民民生项目和农村公共服务运行维护等支出。（2）村入市净收益作为集体积累，列入村集体公积公益金管理，可以折股量化到本集体经济组织成员，但不得直接分配，可用于发展生产、壮大村集体经济等有稳定收入来源的项目，改善本集体组织成员的生产和生活配套设施等农村公共服务，以及教育奖励、贫困户和老年人补贴等民生项目的支出。（3）村入市净收益按照《村民委员会组织法》中规定的程序，可通过区、镇两级资产抵押等方式，分期分批拆借到区、镇两级政府，定向用于农村公益事业及公共服务基础设施的建设，但不得用于投资股市、民间借贷等高风险业务。拆借到区、镇两级政府，资金收益率原则上不低于央行同期贷款基准利率，确保集体资金保值增值。

### （三）增值收益分配方案利弊分析

（1）分配方案优点

农村土地增值收益调节金以出让总价为基数进行征收，计算方便。

（2）分配方案存在的不足

①农村集体经营性建设用地入市土地增值收益调节金属于所有者收益还是开发者收益，目前尚无定论。

②集体经济组织以出让方式供应集体经营性建设用地面临着纳税问题，契税对此有相应规范。在“营改增”后，以出让

方式供地的集体经济组织是一般纳税人还是小规模纳税人，没有政策认定。

③集体经济组织没有法人地位，集体经济组织不能给用地企业提供增值税发票，又会出现用地企业再转让时因增值税抵扣没有依据而人为增加税负。

④农村地区地块情况复杂，入市土地成本核算比较困难。

⑤农村历史情况复杂，各村土地增值收益分配比例以及村内部分配比例和模式不同，统一规定难度大。

### （四）增值收益分配方案对国家、集体、个人利益的影响

武进利益分配机制设计思路是“两确保、一增强”，具体是确保入市后农民的收益和保障与土地征收衔接，政府通过收取入市调节金确保与合理的税收制度衔接；增值收益主要分配给集体经济组织特别是镇集体，增强镇集体的统筹协调能力。和其他部分省市把主要收益留给村组不同，武进在农村土地制度改革中始终坚持“两头均衡，做大中间”，避免农民一夜暴富。村入市净收益作为集体积累，列入村集体公积公益金管理，可以折股量化到本集体经济组织成员，但不得直接分配，虽然农民没有直接获得入市带来的收益，但从长期来看，保障了农民对收益的分享，为农民提供了长久的保障。

## 二　武进农村土地增值收益分配案例分析

### （一）案例概况

案例一是武进区礼嘉镇2017年2月24日挂牌出让的常合高速南侧遥坂路东侧集体建设工业用地地块，土地面积7203平方米，土地用途是工业用途，出让年限为50年，土地取得者是常州双盛精密锻造有限公司，此地块属于武进区工业土地三级，该级别的工业基准地价为350元/平方米。案例二是武进区2017

年3月23日协议出让的遥观镇人民路南侧钱家塘路东侧集体建设工业用地地块，土地面积13393.5平方米，土地用途是工业用途，出让年限为50年，土地取得者是江苏雷利电机股份有限公司，此地块属于武进区工业土地三级，该级别的工业基准地价为390元/平方米。

### （二）增值收益的定量测算方法

#### 1. 增值收益的测算原理

由于土地增值在现实中表现为土地价格的上涨，因此，在本研究中，土地增值是指土地用途改变或土地开发后的市场价格与现用途或开发前土地市场价格的差额。这一差额依市场价格而确定，它很难用某一固定的增值率来体现，可能为正，也可能为负值或零。因此，土地增值既包含正向增值，也包含负向增值。

土地价格无非是土地权利的购买价格。土地拥有不同的权利就会有不同的价格表现。集体建设用地在目前的权利主要表现为农民集体所有权和建设用地使用权，由于本研究主要讨论的是关于集体建设用地使用权流转增值问题，在此对农民集体所有权不作讨论。本书主要参照国有建设用地市场价格测算集体建设用地流转增值收益。集体建设用地使用权入市流转的增值，也可以说是作为经济要素的土地的增值，即土地开发利用或土地交易过程中发生的土地价格的增加值，是土地价格的一部分。因此，在增值收益的量化中，采用价格的变化来衡量集体建设用地入市流转的增值空间的大小。可以用下式来简单地表示：

$$\Delta P = P_1 - P_0$$

$\Delta P$ 为集体建设用地入市流转增值收益，$P_1$为集体建设用地的市场出让价格，$P_0$为农村集体建设用地的初始价格。

**2. 增值收益的测算过程**

理论上，由于集体建设用地有两种情形，即新增集体建设用地和存量集体建设用地，它们的初始价格是不同的，因此，在增值收益的测算中，要分别计算二者的初始价格。其中，新增集体建设用地初始价格在数值上等于原农用地农用价格与基础开发费用之和，而存量集体建设用地价格必须要考虑原土地使用者的投资建设的影响。本研究主要涉及的是存量集体建设用地的情况。武进的存量集体建设用地主要指原乡镇企业用地和农民宅基地，原来多数乡镇企业都是通过租用农村集体经济组织的土地经营的，后来由于经营不善而导致企业倒闭，留有各种各样的附着物，比如厂房、设备等。所以，存量集体建设用地增值收益＝存量集体建设用地市场价格－原集体建设用地价格。

（1）存量集体建设用地市场价格

集体经济组织或农民为了盘活原有建设用地，将原有集体建设用地连同地上附着物一起进入市场进行交易。在本书中，存量集体建设用地市场价格是指存量集体建设用地使用权价格，即指具体宗地在特定的用途、开发程度、利用方式和正常市场条件下，通过市场正常交易的价格。

（2）原集体建设用地价格

原集体建设用地与新增集体建设用地相比，要考虑农用地用途转变价格和原土地使用者的开发投资，即：

原集体建设用地价格＝新增集体建设用地价格＋农用地用途转变价格＋原土地使用者投资现值

①新增集体建设用地价格

新增集体建设用地市场价格是指新增集体建设用地使用权价格，即指具体宗地在特定的用途、开发程度、利用方式和正常市场条件下，通过市场正常交易的价格。内涵具体设定为：

土地使用年期：跟国有建设用地相同，商业用地为四十年，工业用地为五十年，住宅用地为七十年。

开发程度：设定土地开发程度为宗地红线内外达通路、通电、通信、通上水、通下水“五通”和宗地红线内达到场地平整。

由于我国集体建设用地在农村土地制度三项改革之前还不能上市交易，所以新增集体建设用地市场价格无法直接获得。本书中界定集体建设用地的所有权属于集体，由于产权的缺失，导致新增集体建设用地使用权即使可以市场交易，市场交易价格也低于新增国有建设用地价格。因此，鉴于研究的方便，此处假设新增集体建设用地市场价格在数值上等于集体建设用地中的基准地价。

②农用地用途转变价格

此处所指的农用地用途转变价格，是指农用地转为农村集体非农建设用地的价格。根据有关法律、法规的规定，土地补偿费从经济学属性上分析应为对土地所有权的补偿。而农用地转为集体非农建设用地，只是用途发生了变化，土地所有权属并没有变化，不需要对土地所有权进行补偿，即不用支付土地补偿费。因此，农用地转用补偿费与土地征收补偿费用相比，只是少交了农业重点工程发展基金、土地用途变更费、征地管理费和土地补偿费，农用地转用价格低于农用地征收价格。由于有效的农用地转用资料收集比较难，可以根据土地征收价格来推算农用地转为集体建设用地的价格。其计算公式如下：

农用地用途转变价格 = 土地征收价格 - 土地补偿费 - 农业重点工程发展基金 - 土地用途变更费 - 征地管理费

土地征收价格 = 青苗补偿费 + 土地补偿费 + 安置补助费 + 地上附着物补偿费 + 相关税费

所以通过以上两式的推导可以得出：

农用地用途转变价格 = 青苗补偿费 + 安置补助费 + 地上附着物补偿费 + 耕地开垦费 + 耕地占用税

③原建设用地使用者投资现值

原建设用地使用者投资现值是指原建设用地使用者在生产过程中，为了满足生产的需要，投资建设的房屋或投资购买的设备等。该土地进行流转时，连同原来的地上附着物一同流转。但是原地上附着物按照现值计算。

### （三）土地增值收益核算

对于集体经营性建设用地土地增值收益，政府获得入市交易价款的20%作为土地增值收益调节金，入市交易价款扣除成本和调节金后的土地增值收益为集体的净收益，测算结果如表6－1所示。

表6－1　集体经营性建设用地入市案例增值收益测算

| 序号 | 地块名称 | 面积（亩） | 入市交易价款（万元） | 成本（万元） | 土地增值收益调节金（万元） | 集体留存（万元） |
|---|---|---|---|---|---|---|
| 1 | 礼嘉镇常合高速南侧、遥坂路东侧地块 | 10.80 | 324.14 | 216.09 | 64.83 | 43.22 |
| 2 | 遥观镇人民路南侧钱家塘路东侧 | 20.09 | 1005.51 | 670.34 | 201.10 | 134.07 |

## 三　集体经营性建设用地入市增值收益分配的理论思考

### （一）增值收益分配存在的主要问题

#### 1. 关于土地增值收益调节金是否具备理论和法律依据的问题

目前，农村集体经营性建设用地入市土地增值收益调节金属于所有者收益还是开发者收益，尚无定论；集体经济组织以出让方式供应集体经营性建设用地面临着纳税问题，契税对此有相应规范。在“营改增”后，以出让方式供地的集体经济组织是一般纳税人还是小规模纳税人，没有政策认定。集体经济组织不能给用地企业提供增值税发票，又会出现用地企业再转让时因增值税抵扣没有依据而人为增加税负。

**2. 关于集体经营性建设用地入市权能及法律依据的问题**

全国人大常委会于2015年2月27日发布了《全国人大常委会关于授权国务院在北京市大兴区等三十三个试点县（市、区）行政区域暂时调整实施有关法律规定的决定》，授权国务院在北京市大兴区等三十三个试点县（市、区）行政区域，暂时调整实施《土地管理法》《城市房地产管理法》关于农村土地征收、集体经营性建设用地入市、宅基地管理制度的有关规定。但是，集体经营性建设用地入市并没有明确的法律法规可遵循。例如，《物权法》第十二章“建设用地使用权”对建设用地使用权明确限定为国有建设用地使用权，即：建设用地使用权人依法对国家所有的土地享有占有、使用和收益的权利，有权利用该土地建造建筑物、构筑物及其附属设施。《物权法》第一百五十一条规定：“集体所有的土地作为建设用地的，应当依照土地管理法等法律规定办理。”但是，因为《土地管理法》对集体经营性建设用地如何流转有严格限制，对其如何流转并没有明确的规定。这次试点即是要循序渐进地推进土地制度改革，在总结经验的基础上，最终出台具体的法律规定。通过了解各试点地区的做法，各试点行政区域主要根据“允许农村集体经营性建设用地出让、租赁、入股，实行与国有土地同等入市、同权同价”的原则，参考了国有建设用地使用权出让程序的相关做法进行集体经营性建设用地入市。由于集体经营性建设用地使用权与国有建设用地使用权相比又有其特殊性，需要关注集体经营性建设用地使用权特殊的法律问题。

首先，关于集体土地入市的供方主体问题。《民法通则》第七十四条第二款和《土地管理法》第八条第一款规定：“集体所有的土地依照法律属于村农民集体所有，由村农业生产合作社等农业集体经济组织或者村民委员会经营、管理。”《村民委员会组织法》第四条第三款规定：“村民委员会依照法律规定，管理本村属于村农民集体所有的土地和其他财产。”《物权法》第六十条规定：“对于集体所有的土地和森林、山岭、草原、荒地、滩涂等，依照下列规定行使所有权：（一）属于村农民集体所有的，由村集体经济组织或者村民委员会代表集体行使所有权；（二）分别属于村内两个以上农民集体所有的，由村内各该集体经济组织或者村民小组代表集体行使所有权；（三）属于乡镇农民集体所有的，由乡镇集体经济组织代表集体行使所有权。”可见，集体经营性建设用地所有权主体还不够清晰，也为入市时的出让主体带来一定困扰。

其次，关于集体经营性建设用地使用权的期限问题。各试点地区一般参照国有建设用地出让年限规定设定集体经营性建设用地使用权的期限，即工业用地五十年；教育、科技、文化、卫生、体育用地五十年；商业、旅游、娱乐用地四十年；综合或者其他用地五十年。但是，期限届满时是否可以续期则不明确。另外，需要注意的是，有的试点地区采取租赁方式入市，将租赁期限设定为四十年的做法有待商榷。根据《合同法》第二百一十四条规定：“租赁期限不得超过二十年。超过二十年的，超过部分无效。”因而，如果租期超过二十年，对承租人而言有一定的法律风险。

再次，关于地上建筑物的问题。一方面，集体经营性建设用地使用权出让对是否必须“净地”出让没有相关规定。有试点项目中，有公告明确“本宗地块涉及地上建筑物、构筑物等资产的处置由竞买人与出让方另行协商解决”，这就意味着可能是毛地出让。另一方面，对于出让土地使用权到期后，地上建筑物如何处理的问题，各地做法也不同，有的采取无偿归集体经济组织所有的方式，有的则采取到期后评估折价补偿的方式。笔者建议法律上应该明确出让土地使用权到期后地上建筑物如何处理的问题。

最后，关于集体经营性建设用地使用权抵押融资的问题。《物权法》第一百八十条规定：“债务人或者第三人有权处分的下列财产可以抵押：（一）建筑物和其他土地附着物；（二）建设用地使用权；（三）以招标、拍卖、公开协商等方式取得的荒地等土地承包经营权；……（七）法律、行政法规未禁止抵押的其他财产。”但如前所述，《物权法》所定义的建设用地使用权仅指国有建设用地使用权，不包括集体经营性建设用地使用权，集体经营性建设用地使用权显然也不属于可抵押的土地承包经营权。《物权法》第一百八十四条规定：“下列财产不得抵押：……（二）耕地、宅基地、自留地、自留山等集体所有的土地使用权，但法律规定可以抵押的除外。”就集体建设用地使用权抵押，我国《担保法》《物权法》均仅有涉及乡（镇）、村企业土地使用权抵押的相关规定，如《担保法》第三十六条规定：“乡（镇）、村企业的土地使用权不得单独抵押。以乡（镇）、村企业的厂房等建筑物抵押的，其占用范围内的土地使用权同时抵押。”而《物权法》第一百八十三条规定：“乡镇、村企业的建设用地使用权不得单独抵押。以乡镇、村企业的厂房等建筑物抵押的，其占用范围内的建设用地使用权一并抵押。”而目前入市的建设用地使用权并不属于乡（镇）、村企业的土地使用权。因此，在没有法律规定集体经营性建设用地可以抵押的情况下，以集体经营性建设用地使用权进行抵押融资还有法律上的障碍。

2019 年《土地管理法》的第三次修正解决了集体经营性建设用地入市的合法性问题，但在新法 2020 年正式生效以后的实施过程中，上述法律问题仍需进行配套的修改完善。

**3. 关于改革试点过程中统筹改革联动性不强的问题**

（1）改革试点过程中，全国人大已经暂停部分法律实施，但地方性法规、部门规章等未同步暂停，导致操作上遇到一些问题。例如，市域范围内规划管理问题：受常州市城市总体规划的约束，以及规划审批体制的制约，武进村庄规划编制审批实施的进展滞后于农村土地制度改革的需求。同时，按现行的规划管理要求，城市规划区范围内的用地必须征为国有，导致三项改革尤其是征收制度改革与建设用地入市无法推进，在非城镇规划区也无法领取乡村建设规划许可。

（2）征地制度改革试点中，征收批准程序、批准权限等未对试点地区倾斜。

（3）在农村土地制度改革过程中，村民会议决议对村民个人的约束力得不到有效落实，如宅基地有偿使用，亟须提供村民会议决议的法律支撑。

上述问题在新版《土地管理法》生效实施过程中依然存在一个配套改革的过渡时期，需要在实践过程中引起充分的重视。其中，征地问题在试点结束后尽管不再存在向试点地区倾斜的问题，但如何尽快完成现行用地体制的转变、实现征地和集体经营性建设用地流转的整体协调仍然需要在实践中探索。

**4. 土地征收制度改革对土地增值收益的影响**

按照中央关于深化农村土地制度改革的有关要求，武进出台了划定政府征地范围的制度，随着该制度的落实，经营性用地只能落在集体土地上，并且只能通过入市进入市场，那集体土地会成为未来城镇化建设用地的主体，农民集体将成为土地市场的主体。这有利于保障集体和农民公平分享土地增值收益，但如何保障可持续的地方财政急需财税体制的深化改革配套。

**5. 入市流转收益分配机制不完整，农民处于弱势地位**

收益分配机制是农村集体经营性建设用地入市机制公平与效率原则的集中体现，涉及地方政府、农村集体、农民个人等多方利益主体之间的博弈。如何协调多方利益，使得各方共同积极参与农村集体经营性建设用地入市，保证土地资源得到合理优化配置，是收益分配机制根本目的所在。目前试点各地因实际发展情况不同，对集体建设用地入市流转收益在政府、集体和个人的分配比例上有所差异，并未形成一个统一完整的分配方法和标准，各地政府的话语权普遍很大，而农村集体经营性建设用地入市是一个涉及多方参与的过程，在流转过程中对政府、集体和个人的权利和义务往往分工不清，管理混乱，没有明晰的法律法规进行界定。分配机制的不完整将导致在实际入市收益分配过程中出现不公平、不公开的现象。

### （二）集体经营性建设用地入市增值收益分配的对策建议

**1. 完善、修改相关法律法规，为集体土地入市清除制度障碍**

在《土地管理法》最新修正的基础上，尽快完善《土地管理法》实施细则及相关法律条款，规范集体经营性建设用地入市的制度设计。完善《物权法》第一百五十三条，在允许集体经营性建设用地入市的同时，从法律上赋予其完整的用益物权。同时，注意法律制度、中央政策、地方政策之间的协调，对限制集体经营性建设用地流转的其他政策条款进行适度调整或者删除。

**2. 完善土地财税体系**

改变地方政府在集体经营性建设用地流转收益分配中的参与方式，以土地租、税、费为理论基础，明确和规范地方政府参与土地收益分配的行为。一方面，应建立土地增值收益归公制度，因为规划管制而造成土地用途改变的土地增值收益应由社会共享。明确各级地方政府应该获得哪一部分土地增值收益和应获多少比例。另一方面，改革土地税制，设计能够满足地方财政在规范行政管理过程中所应获得的相应税收，使得土地财产税能够成为推进城镇化、工业化进程中地方政府获取公共财政的稳定收入来源。最后，应逐步完善公共财政体制，保证地方权、责、利相互匹配、相互协调。

**3. 集体和农民内部协商确立增值收益分配方案**

当集体获取本集体经营性建设用地流转的净所得额后，应该将获得的收益在集体和本集体组织成员间合理分配。至于以何种方式分配、分配的程序、比例如何，应当由集体和农民内部协商确立增值收益分配方案。土地流转的增值收益是农民集体内部财产的增加，应列入集体财务管理中，由集体在村民的监督下确立增值收益分配方案。在决定分配比例和集体收益的用途方面，应该经过村民或者村民代表的三分之二及以上通过方为有效，集体收益部分在使用时应在村务公开栏中写明具体事项和使用金额，以便村民随时监督。为了防止部分集体领导人员滥用职权、以权谋私，法律可以限制分给农民的最低比例额；同时对集体分配到的收益限定用途，规定只得用于集体基础设施、公益事业或者偿还本集体因发展本村经济、完善本村社会服务欠下的债务。

**4. 平衡协调土地征收制度改革与土地增值收益分配之间的关系**

（1）严格界定公共利益与非公共利益用地、经营性建设用地与非经营性建设用地两组概念

要明确公共利益和经营性是两个判定标准，非公共利益用地与经营性用地并不是一个概念。集体经营性建设用地入市的范围是以经营性为划分标准的，而土地征收制度则是以公共利益为判定标准的。集体经营性建设用地入市和土地征收制度的联动改革首先需要就这两组概念作出界定，并在法律上将其类型化、清单化，使现实操作有法可依。

对于公共利益用地的类型应以新修正的《土地管理法》为基本依据，并在其实施细则中进一步明确用途判定和争议解决办法。对于经营性用地则可在《招标拍卖挂牌出让国有建设用地使用权规定》（中华人民共和国国土资源部部令第 39 号）的基础上加以细化和完善。国土资源部第 39 号令已明确工业、商业、旅游、娱乐、商品住宅为经营性用地。在改革试点中可以

根据实际情况逐步将经营性用地细化和完善。

（2）在法律上明确公共利益用地和经营性用地的认定机关

由于公共利益具有不确定性、动态性、抽象性等特征，没有严格的界定标准，而经营性用地与非经营性用地在一定条件下也可以相互转化，所以这就要求要有权威的机关对具体项目的属性进行认定，给出判定依据并为之负责。以此来避免土地征收权的滥用，化解可能引发的征地冲突。

（3）探索在经营性公共利益用地中引入“国家购买”机制

由于经营性公共利益用地具有经营性和公共利益两种属性，除了公共利益属性外可能创造收益，所以完全由政府征收不合理，也容易导致土地征收权的滥用，但单靠市场机制又无法满足这类土地的供应，所以政府可采用“国家购买”的方式来获得这部分土地的所有权，既实现了公共利益的需求，又贯彻了市场交易中契约自由的原则。真正地缩小了征地范围，最大限度上保护农民的土地财产权。

（4）在法律上强化公益性土地征收权的公权性质

将公共利益用地与经营性用地的范围界定清楚后，集体经营性建设用地入市将会倒逼土地征收权限定在非经营性公共利益用地范围。此时的土地征收权将变为公益性征收的国家公权力。即土地征收权是不需要取得被征收人的同意可以强制实施征地的权力。面对合法的土地征收，被征收人必须服从不得阻挠。这将有助于解决现实中存在的“钉子户”问题。

（5）制定公正合理的征地补偿标准

公益性征收的要件之一就是给予被征收者“公平补偿”。虽然普遍的共识是“公平补偿”即被征收土地的市场价值。但是在没有形成开放、公平、竞争的集体建设用地市场时，集体建设用地的市场化价值是不存在的。现实中可以参照试点中政府颁布的最低保护价或者是农民在集体建设用地流转时获得的土地收益比例。需要注意的是，由于集体建设用地的市场化价值中有政府基础设施投资作出的贡献，所以政府可以通过税收的手段收取部分土地增值收益。在形成开放、公平、竞争的城乡一体化土地市场后，土地征收补偿标准可以逐步向集体建设用地的公平市场价值转变。

# 第七章　新土改的治理体系：政府与基层

治理是各种公共的或私人的个人和机构管理其共同事务的诸多方式的总和，它是使相互冲突的或不同的利益得以调和并且采取联合行动的持续的过程（全球治理委员会，1995）。在此过程中，政府代国家掌握公共权利，是公共权利的所有者和执行者，是治理的重要主体之一。社会构成国家的机体，是治理不可或缺的重要组成部分。而公民作为最基层的利益群体，在治理中发挥着越来越重要的作用。因而，政府，社会和公民三者形成“金字塔”状，政府和社会位于基座，公民位于塔尖。其治理实质就是以民众或公民为中心、以政府和社会相补充和配合的过程（哈斯·曼德等，2007）。

具体到我国当下开展已有两年的农村土地制度改革，也是紧紧围绕着上述治理理念与治理体系的，自上而下、自下而上又或是横向的互动，形成多样化的治理运行模式。具体而言就是，还权于农村集体和农民，从政府包办到农民、集体经济组织或其他市场主体自主运行。各潜在的市场主体从过去的束手束脚到放开手脚，政府从大包大揽到只聚焦于公共利益领域。显然，在农村土地开发管理方面，政府与其他主体之间的权责利关系在新土改的阶段中，必然会发生重大的改变。在新土改的治理结构中，政府与市场的边界需不断被重新划定，基层治理与政府管理之间的关系亟待再次理顺，公权力与私权利之间应形成共同协作互不干扰的状态，此外，各市场主体（集体经济组织、农户个人）也要理顺相应的权责利，形成组织协作，进而合力推进资源配置和收益分配效率与公平的平衡。

## 一　政府治理与村民自治

### （一）政府治理：规划约束、边界管制、市场培育

政府和农民作为治理结构的主体之一，其合作反映的是社会治理的重要内容，恰当的治理模式是农村发展战略成功的关键要素之一，也是公共与私人组织交流畅通、目标与政策有效统一的结果（Gianluca Brunori，Adanella Rossi，2007）。这也代表了传统的资源“管理”理念向“治理”理念的转变（Stephan Ristetal，2007），罗西瑙（2001）强调指出治理并不是以政府为单一中心的管理或统治。而埃莉诺·奥斯特罗姆（2014）的长期的实证研究表明，在适当的制度安排条件下，人们可以采用多种多样的有效方式以解决公共事务存在的问题，而并不需要政府的外在干预。这一研究成果印证了罗西瑙的观点，也延伸出了治理多中心化的命题。

放眼于我国开展的新型农村土地制度改革试点，不同于以往政府与农民始终处于利益链条两端，且政府权力不断渗透导致农民的自主性受到牵制的情况（王勇、李广斌，2012）。现如今，以传统治理中的主体，即政府为中心，辅以农村集体经济组织、农民集体、市场等其他多元主体共同进行社会治理已是大势所趋，而由各地总结出的成功经验来看，也完全符合多中心治理的理念，这也必然是未来改革的方向之一。总体而言，以政府为引导者的治理要求以农民需求和意愿为本，并结合当地经济发展的实际情况统筹考虑，政府在这个过程中应该扮演“引导者”的角色，而不是替农民决策，更不能简单地依靠国家行政力量强制农民就范（郑风田等，2007）。具体到武进的农村

土地制度改革中，武进区政府只是起到一个引导和监督的作用，例如，在集体经营性建设用地入市改革试点中，政府在前期提供了政策咨询、配合办理手续、联络各方等服务，使得集体经营性建设用地可以赶上政策的利好，顺利入市，而在后期的增值收益分配环节，政府也只是象征性地收取较少比例的调节金，将收益最大限度地让与镇与村一级的集体，从而壮大集体经济组织，确保农民的收益最大化。

### （二）村民自治：集体合约、乡规民约

村民自治在乡村发展的过程中职能丰富，涵盖了集体成员资格界定、宅基地有偿使用、宅基地分配、征收补偿分配等多项内容，自改革开放后，随着农村土地制度和中国乡村治理体制的变迁，村民委员会已然取代生产大队成为管理中国乡村地区经济、治安、教育等重要公共事务的自治组织。但需要注意的是，建立在土地集体产权和户籍身份基础上的村民自治制度是特定经济社会条件下的产物，随着城市化、工业化发展和人地流动，出现了“人—地—籍”分离的现象，村民自治赖以生存的经济基础和社会基础出现了动摇。当这些条件发展到一定阶段的时候，就有可能最终突破村民自治的框架和原则，实现由村民自治向新的治理形式的创造性转换（陈世伟，2011）。一种制度安排能否发挥出预期功效，要看是否设置了合适的治理组织和治理结构，若是没有切实理顺各主体之间的权责利关系，空有规则而无人有行动能力和意愿，制度是无法良好运行的。所以，治理结构转变是制度改革的必然结果，在改革中应前瞻性地设定好治理结构的转变预案，从而减少可能的改革成本。

对于产权与资源配置之间的关系，根据经典的 Williamson（2000）四层次理论，从上到下依次为社会基础、制度环境、治理结构和资源配置共四个层次，构成了一个清晰的分析框架。其中：

（1）社会基础包括文化、规范、习惯、道德、传统以及宗教等非正式约束，这些非正式约束已经被社会所广泛接受，并且成为人类行为的基本约束准则。（2）制度环境包括宪法、法律、产权等正式规则。这些制度，除了偶然的巨变，一般需要十年到一百年的时间才会产生变化。（3）治理结构可以看作人类在第二层次的游戏规则下自发选择的各种竞争规则。或者看作人类游戏的过程。这个层次的制度变化的频率一般在十年以内，为了实现边际效率最优。（4）资源配置这个层次的变化速度最快，几乎是随着市场的变化而持续变化的。

由此可见，产权对资源配置的影响是通过产权的配套规则即治理结构来实现的。比如，中国土地的产权设定后，并没有直接地作用于农地和建设用地的配置。在实际中，还需要农地市场、城市建设用地市场以及土地利用规划等治理结构层次的制度来实现对资源配置的影响（吴次芳等，2010）。在新的历史时期，我国着力推行农村社区建设，本质上是一场政府主导和规划下的社会变迁过程。在这个过程中，政府在其中成为积极能动者和行动主体者的角色，起到了动员、组织引导、规划和推动的重要力量（许远旺，2010）。从武进区试点的实践经验来看，政府充分保障了集体的自主治理性。例如，村集体可以自由选择将村内集体经营性建设用地适时跟随试点政策进行入市交易，或保持现状继续租赁，也可以自由选择宅基地退出后的多元补偿方式，政府在改革过程中充分尊重集体意愿，并提供政策咨询及配合等其他辅助服务。

## 二　案例分析

以武进区湟里镇西墅村为例，西墅村作为经济基础较好、班子能力较强、宅基地现状较典型的村庄被选为宅基地制度改革试点村，具体的试点模式包含保留中心村宅基地审批和整体拆旧建设公寓房安置两部分。对村庄环境优美、人口密集、村里闲散地多且需要危房翻建的户数多的，开展保留中心村宅基地，并完善审批和监管。对于非中心自然村，开展拆旧复垦整治，统一拆迁后集中到镇区湟墅花园公寓房。据统计，西墅村拆旧钱家头、后野田等5个自然村面积共330亩，安置房面积180亩，新增耕地150亩。在具体试点过程中，西墅村主要从以下方面开展工作：

（1）规范基础业务

西墅村将农村股份制改革成果与公安门牌编号信息结合形成工作底图，更新权属界线，采集房产、土地等基础信息形成资料库，将涉及宅基地基础调查的数据汇总入库，进行信息化管理使用。并结合改革实践，尝试开展宅基地与住房统一登记，建立宅基地信息管理系统，促进相关信息规范化。

（2）编制村庄规划

西墅村充分挖掘本村村庄特色，明确宅基地面积标准和保留的村庄规模，拟定集中居住分布点，认真组织民意调查与座谈会听取群众对村级规划的意见建议，并以此为基础在2011年左右编制了村庄规划，详细标明了村内宅基地与集体经营性建设用地的范围，标明了拆旧建新范围、绿化、休闲等各类用地范围。

（3）确保“村民自治、户有所居”

西墅村采取农村集体统建公寓房的保障方式，进一步完善拆迁补偿安置办法，匹配公寓房用地及规划指标，保证安置房分配公平、公开与公正，并以村民自治为基础，宣传宅基地改革相关政策，听取村民对拟出台的宅基地审批办法、各类规范性文件、安置公寓管理办法及公共基础设施配套建设的意见。

（4）探索有偿使用、有偿退出与复垦整治

西墅村建立农村宅基地有偿使用与有偿退出激励机制，在宅基地的有偿使用方面，村内实际宅基地的占用情况是30—40

平方米/人，而规定的宅基地面积为30平方米/人，对宅基地超占的部分，一般而言，超过140平方米的，超出部分是10元/平方米，一次性交30年的费用，而140平方米以下的，超出部分是5元/平方米，也是一次性交30年的费用。目前村里有5—6户采取了有偿使用，如果遇到贫困户等特殊情况，由村组开会讨论签字表决后，可以让其费用一年一交。而在宅基地的有偿退出方面，部分宅基地使用人自愿将其宅基地退还集体，由集体进行合理补偿后注销登记。同时，根据村级规划和村民意向拟定整体拆迁自然村，向上级国土资源部门上报年度土地增减挂钩复垦项目，逐步推进自然村拆除与复垦，确保通过增减挂钩复垦验收后落实拆迁补偿安置。

（5）探索抵押担保，完善审批监管

西墅村积极与银行等金融机构探讨宅基地抵押担保的可行方案，通过集体经济组织担保、多户联保等形式保障宅基地使用权和抵押权人的合法权益，对有意向的村民小组或个人开展先行先试，形成符合农村实际的操作方法。同时，研究出台镇级宅基地审批办法，明确审批条件，建立审批保障库和宅基地执法监察机制，以打击违法占地和违规建设农村住房的行为，目前西墅村有1户农户以农房向银行申请过抵押贷款，贷款金额为2万元，若到时未还款，将由银行直接拍卖处理。

## 三　理论思考：农村治理、基层组织建设何去何从

农村土地制度改革试点已经开展了近五年的时间，各试点地区都总结了丰富的经验，为我国农村土地制度的改革方向和未来农村的发展道路提供了良好的借鉴。那么相应的配套治理组织创新也需要积极推动，进行理论和实践探究，其核心在于通过各治理主体的权责利关系协调，使之形成合力。例如，在

目前的农村基层组织中，作为改革后代替“三提五统”筹措公共工程资金的“一事一议”制度，实施效果远不尽如人意（王悦洲，2004）。这种情况影响了部分基层政权和村级组织的正常运转（陈斐，2003）。当上述机构必须依靠上级转移支付维持运转时，往往会蜕变为与农民关系松散的“悬浮型”政权（周飞舟，2006），它们或是推卸所应担负的治理责任，或是转而依靠“混混”，甚至与后者“共谋经营”属于国家和集体的公共资源（夏柱智，2014）。这就是典型的权责利关系不协调情况下导致的治理问题。因而，在如今的土地制度改革中，只有协调好土地权利主体的相应权责利关系，才能形成有效的制度实施抓手。

### （一）发展基层民主，健全自治、法治、德治相结合的乡村治理体系

武进区的乡镇经济有着悠久的发展历史，相较其他地区更为发达，乡镇村集体为政府分担了更多的权责利，在农村发展中起到了举足轻重的作用。这一点在武进的土地制度改革中也有所体现，武进一直坚持壮大集体经济，尤其是乡镇一级经济的行动理念，在集体经营性建设用地入市、宅基地有偿退出等试点过程中都充分尊重各村镇集体的自主性和意愿，在收益分配的环节力求最大限度地让利于民，因而改革成果经验丰富，这也都是基层民主发达、乡村治理较完善的结果。

由武进至全国，需要注意到，当下乡村治理体系的形成正处于以下背景中：首先，在新型城镇化的发展时期，乡村的发展、振兴与城市的繁荣同等重要，要从以往的以城市发展为中心，以城市带动农村发展的框架中解脱出来；其次，有很多乡村的发展是类似于武进等苏南地区的发展模式的，即乡镇企业发达，乡村工业化的发展也正处于重要的转型时期，农民就地城镇化的意愿比较强烈，当地也具有就地城镇化的条件和能力。因而，在此过程中，政府在让权让利于集体的时候，对于集体

自身的治理问题也不容忽视。党的十九大报告中提出要深化农村集体产权制度改革，保障农民财产权益，壮大集体经济，在集体经济组织发达的基础上，加强农村基层治理工作，健全自治、法治、德治相结合的乡村治理体系，以德治促进基层自治工作良性发育，以法治保护自治组织成长空间与边界，推动形成有活力、有规矩、符合乡村发展需要的基层自治组织。这也是未来我国乡村治理体系的发展方向。只有给予乡村足够的自治权利，才能使其更好更便利地管理乡村事务，但充分的自治权必须有法治来监督和规范，以保证农民的利益不受损，自治主体的权利不膨胀，最后辅以德治，给乡村自治组织良好的发展氛围，最终才能促进乡村的长远发展。

此外，发展基层民主也是不可忽视的一环，完善基层群众自治制度，充分调动群众的积极性和参与度，畅通民主渠道，健全基层选举、议事、公开、述职、问责等机制是乡村各项工作顺利开展的需要。同时，开展形式多样的基层民主协商，建立健全村民监督机制以保障农民知情权，实现制度与实践透明化，进而促进群众在城乡社区治理和基层公共事务中实现自我管理、自我服务、自我教育和自我监督，才能更好地完成乡村治理事务。

### （二）完善农村土地制度改革，振兴乡村发展

国家治理体系和治理能力的现代化，离不开土地、财政、法治、生态、社会等全方位的现代化，而土地作为政治之本、治权之首，在国家治理体系的环环相扣中是重要的枢纽。

从武进的实践来看，在归纳总结当地经验成果的同时，还应从其他试点地区的农村土地制度改革实践中汲取有益经验，规避可能出现的问题与风险，才能进一步巩固和深化农村土地制度改革。

同时，应紧随党的十九大报告中提出的振兴乡村发展战略，

在新型城镇化的发展过程中，重视农业现代化的发展与转型，优先发展农业农村，按照产业兴旺、生态宜居、乡风文明、治理有效、生活富裕的总要求，依据特色村镇的建设理念因地制宜地差别化发展乡村。此外，应加快推进农业农村现代化，发展多种形式适度规模经营，培育新型农业经营主体，健全农业社会化服务体系，实现小农户和现代农业发展有机衔接，从而促进农村一、二、三产业融合发展，达到支持和鼓励农民就业创业，拓宽增收渠道的目标，最终实现乡村振兴。

# 第八章　新土改的顶层设计与制度安排：启示与借鉴

## 一　“武进模式”总结

### （一）“武进模式”的基本内涵

经过几年来的探索，武进的试点改革特色鲜明，初步形成了农村土地制度改革的“武进模式”，其基本内涵可总结为：注重发挥市场机制在农村土地资源配置中的决定性作用，以集体经营性建设用地入市改革为引领，整体带动与协同推进征地、宅基地制度系统性、整体性改革；以壮大集体经济、实现共同富裕、兼顾农民、集体与国家目前与长远的土地收益分配为核心机制，全面推动乡村振兴、城乡融合发展。

### （二）武进区宅基地退出改革试点总结

“武进模式”在保护农民合法权益的前提下，按照“依法自愿、合理补偿”的原则，通过产权转让、土地整治、转换入市等方式探索构建农户宅基地自愿有偿退出的引导、激励和约束机制。具体而言，武进区主要通过创新分层级、差别化的宅基地有偿使用制度；探索多渠道、市场化的宅基地权能实现途径；建立分区域、多样化的“户有所居”宅基地退出模式和完善优化高效率、精细化的农村宅基地管理体系等来保障农村宅基地改革试点的顺利运行，实现集体和农户宅基地财产权益的增加。

### （三）武进区集体经营性建设用地入市改革试点总结

“武进模式”在集体经营性建设用地入市改革中注重充分发挥市场在土地资源配置中的决定性作用，同时更好地发挥政府在建立健全集体建设用地市场交易规则、市场监管机制和构建统一的市场交易平台中的重要作用。武进按照“两种产权、统一市场、交易规范、价格统筹、统一管理”的模式，从土地产权、交易平台、交易规则、交易登记、交易管理与监管等方面构建了“六统一”的城乡土地市场体系，解决了长期以来城乡二元土地市场分割、城乡地价扭曲、市场交易不规范、管理混乱的弊端，打破了城乡壁垒，将集体土地市场和国有土地市场予以统一。同时，通过整体性、系统性统筹谋划，在入市实施主体、价格形成机制、网上交易平台、土地增值收益分配等方面形成了相对完整的制度体系，确保集体建设用地与国有建设用地的“同权同价”和无差异使用，打通城乡土地要素市场。

### （四）武进区征地制度改革试点总结

“武进模式”通过集体经营性建设用地市场的培育和发展，倒逼征地严格限定在公共利益范围，推动征地过程中程序优化和增值收益分配体制改革，进而通过建立“六位一体”的征地多元化保障机制增强农民配合征地实施的积极性。具体而言，在缩小征地范围方面，武进区研究制定了《常州市武进区土地征收范围（试行）》，详细列举了各类用地类型，明确了公益用地范围，在非公益用地范围内不得动用土地征收权，鼓励通过集体经营性建设用地直接入市解决用地问题。在规范征地程序方面，按照“加强批前民主协商、简化批后实施程序”的思路，在全区实施“先签协议后征地”的程序改革，健全矛盾纠纷化解机制，整体优化征地程序。在多元保障机制方面，武进积极探索从住房、就业、社保、股权分红、安置区的基础设施和公共服务保障六个方面系统完善被征地农民长远生计保障体系，提升被征地农民的安全感、获得感和幸福感。

### （五）武进区土地收益分配机制改革试点总结

土地收益分配机制的改革是农村土地制度改革的关键内容之一，其涉及面横跨上述三项试点改革。“武进模式”根据自身农村集体经济发达、农村集体经济组织在农村建设发展中作用重要的特点，建立了“两确保、一增强”为核心的土地增值收益分配机制，即确保政府通过收益调节金与税收收入保持基本一致，确保农民在入市中取得的直接性补偿收益与土地征收保持基本一致，增值收益主要留给镇、村集体，增强集体经济，由镇集体通过生态补偿方式统筹各村发展，由村集体通过股份分红实现可持续的二次分配。既让农民公平分享改革成果，又防止“一夜暴富”和贫富差距拉大，有助于实现集体成员共同富裕，也有助于维护农民和集体的长远利益。

## 二　“武进模式”的启示

2015 年 2 月，经中央深改组批准，武进区成为全国首批、全省唯一开展农村土地制度改革的 33 个试点地区之一，承担农村宅基地制度改革试点任务；2016 年 9 月，根据国土资源部新部署，武进区又成为统筹协调推进农村土地制度改革三项试点的 15 个试点地区之一。武进区的改革试点工作体现了江苏特点，形成了常州经验和武进模式，对于其他地区统筹协调推进改革试点具有很好的借鉴意义。从总体上来看，“武进模式”的启示主要体现在如下方面：

一是坚持系统思维、严把改革方向。武进区专门成立了由区委、区政府主要领导任组长，分管领导任副组长，区委办、政府办、法制办、农工办、国土局等 16 个单位为成员的改革试点工作领导小组，从相关单位抽调10余名精干力量组建了试点办，进行集中办公，各试点镇村也建立了相应的领导小组和工作班子。建立了“周会商、月分析、季评估”的工作推进机制，及时召开了改革试点动员会议，定期组织开展试点工作推进会、政策业务培训会、试点村现场交流会。组织研究团队赴原国土资源部对接改革工作，同时聘请南京农业大学、南京大学等高校多名专家教授组成技术团队提供智力支撑，邀请相关专家举行政策研讨，召开基层群众座谈会，确保准确领会中央改革意图、摸清群众改革需求。

二是坚持问题导向、突出改革重点。围绕“权能”“市场”“利益”“修法”四个改革关键点，重点突出三大试点任务，用改革来破解实际问题，用实践来检验试点成效。以全覆盖的规划体系为引领，明确“区总控、镇审批、村分配”的审批管理新政，解决历史遗留问题；建立“六统一”的城乡建设用地市场体系，实现集体建设用地与国有土地的权能一致，有效化解发展矛盾；建立“两确保、一增强”为核心的土地增值收益分配机制，增值收益主要留给镇、村集体，稳妥理顺分配机制。

三是坚持上下联动、优化改革方式。武进区紧紧围绕“百姓期待什么，上级希望什么，武进需要什么”来谋划改革思路，形成了“精细化、模块化、菜单式”的改革试点路径。切实把“党政想干”和“农民想要”更好地统一起来，实现了试点镇村尊重群众意愿进行“点菜”和政府照单“下厨”的结合，既发挥“自上而下”的推动作用，更强化“自下而上”的自发动力。在宅基地制度改革方面，精细梳理了“246 + N”的改革目标，使改革重点明确，思路清晰，为有序推进试点工作确立了清晰的“航标”。立足维护农民利益，强调充分发挥农村集体经济组织的主体作用和村民自治作用，激发农民的积极性、参与性和创造性；强调扩大农村集体土地权能，依法保障和显化农民宅基地财产权益，增加农民财产性和经营性收入；强调建立兼顾国家、集体、个人的土地增值收益分配机制，提高农民收益分配，让改革成果惠及广大农民，让农民有更多获得感。武进区创新建立的以农民利益为归依的模块化、菜单式改革路径，被国土资源部专题刊发向全国推广；以“大讨论、大走访、大转变”来营造改革氛围，广泛宣传改革的政策、目的和意义，有效激发了各方参与改革试点的积极性、主动性。

四是坚持循序渐进、夯实改革基础。坚持“由点到面、逐步推开”的原则，充分评估地方的承受能力和村民的迫切意愿，先完善、再探索、后创新，分类分批开展试点。在组织保障上，建立事前评估、事中控制制度，引进第三方机构对改革实施风险评估，确保改革方向正确、风险可控、社会稳定。以“多规合一”为目标，全区各镇全面完成村庄规划编制和审批工作，探索编制村土地利用规划，逐步实现规划空间全覆盖；积极构建宅基地动态监管系统等五大信息平台，优化高效率、精细化的农村土地信息管理体系；推进土地权属调查和登记工作，已确权登记宅基地15.85万宗，登记发证面积3.07万亩（房屋建筑占地），发证率达到94%；完善土地承包合同9.8万户，占需确权农户的97%；完成股份合作制改革94.6%。

五是坚持创新为重、统筹改革推进。精准把握统筹协调这一改革关键，统筹协调推进三项试点，有效形成改革合力。紧扣国家“双创”示范基地、苏南现代化示范区建设、城乡融合发展的定位，注重三项试点与武进区经济社会发展大局的统筹协调；坚持改革的系统性、协同性和整体性思维，注重三项试点与农村、户籍、财税、社保、金融等相关领域的紧密联系；围绕破解改革难题，实现改革目标，注重三项试点之间的关联性和耦合性。在逐步缩小征地范围的情况下，通过农村集体经营性建设用地入市有序增加部分建设用地供给，统筹征地与入市改革；将征收农民住房补偿和确保农民户有所居保障相结合，统筹宅基地保障和土地征收多元化保障。在跃进、西墅等村既探索征地的多样化保障，也将宅基地整治腾出的建设用地转为集体经营性建设用地入市，在一个示范样本中集中体现三项改革试点全部内容。

而从武进模式对三项试点中每一项土地制度改革的启示而言，主要可以分为以下几点：

### （一）武进试点对全国农村宅基地制度改革的启示

**1. 保障成员权界定，理顺村集体内部分配机制**

界定农村宅基地申请的主体资格是推进农村宅基地制度改革的基础，武进区以农村土地承包经营权确权登记颁证的成果为基础，结合农村集体经济组织股份合作制改革成果进行成员界定，从而健全和完善农村集体经济组织对宅基地的管理职责，主导宅基地的取得、流转、退出和收益分配。

**2. 集约节约利用土地，优化村庄布局**

为了实现集约节约用地，优化调整规划空间布局，武进区按照“三区两类”，即集镇规划区、乡村规划区和集聚村、控制村、迁并村，对中心城区外的村镇区域进行重新规划布局，按照多规融合的要求，结合土地利用总体规划编制村级土地利用规划，合理确定一般村和规划发展村（重点村和特色村）。从而有效提高土地利用效率，逐步实现区内建设用地的“减量化”。

**3. 创新农村宅基地信息化管理，促进宅基地规范有序流转**

武进区基于现有的宅基地信息化管理基础，建立了宅基地保障对象、农村不动产统一登记和日常监管三个信息系统，打造全国领先的宅基地综合管理信息平台，实现宅基地从申请、审批、利用、变更（流转）到退出的全过程动态管理。

**4. 探索宅基地有偿退出，打造就地城镇化特色**

武进区依托“户有宜居”的特色与“区—镇—村”三级规划体系，依据不同的地域类型采取了差别化的宅基地有偿退出模式：在中心城区以货币化补偿形式保障宅基地退出后统一安置在小高层或高层住宅小区；在集镇规划区，采用集中安置的方式，按照拆迁标准给予补偿并统一安置在公寓房；在农村地区，则确保保留村的原址翻建、特色村的集中居住和控制村的异地安置。从而建立起分区域、多样化的“户有所居”宅基地退出模式。

### （二）武进试点对全国集体经营性建设用地入市改革的启示

**1. 尊重集体意愿，探索全部入市类型**

武进区的农村土地制度改革不搞“一刀切”，把入市的选择权交给村集体。村集体可选择将集体经营性建设用地入市交易，也可选择维持现有租赁现状。此外，武进区建立了“同权同价、流转顺畅、收益共享”的农村集体经营性建设用地制度，实践了改革试点要求的所有入市类型，既有在一级市场以出让、租赁、作价出资（入股）等有偿使用方式入市的样本，也有在二级市场以转让、抵押等方式入市的案例，为全国集体经营性建设用地入市改革提供了丰富的实践样本。

**2. 保障同权同价，确保公开交易**

武进区建立了与国有土地相同的集体土地网上交易平台，实现了集体经营性建设用地与国有土地完全相同的网上公开竞价规则和融为一体的网上招拍挂公开交易模式，从而率先实现了资本市场上集体与国有土地的同权同价。例如，位于遥观镇的江苏雷利电机股份有限公司于2017年6月在深交所IPO上市，成为中央农村土地制度改革三项试点开展以来，全国首家以出让方式取得集体经营性建设用地使用权后，实现沪深A股IPO上市的企业，实现了集体经营性建设用地与国有土地同等入市后在资本市场与国有土地同权同价零的突破。

**3. 促进收益共享：农民有增收、政府有保障、集体能壮大**

农村集体经营性建设用地入市，最大的焦点是利益分配。从区、镇两级政府到村、村民小组，乃至农民，各方都在关注集体经营性建设用地入市后得到的“收益蛋糕”怎么切。

不同于其他部分试点地区将主要收益留给村组，武进区坚持“两头均衡，做大中间”。明确要让农民收益有增加，政府收入有保障，镇村经济能壮大。政府与农民是“两头”，“中间”是镇村。如果制度落实到位，集体经营性建设用地将成为城镇化建设用地的主要来源，村集体及农民将因此获益不少。

例如，对以出让方式入市的集体经营性建设土地，按国家试点要求，武进区政府只是象征性地对收入收取调节金。以出让入市为例，出让价格100万元/亩以内，按总价的20%上缴区财政；出让价格在100万元—200万元/亩，按总价的30%缴纳；超过200万元/亩的，按总价的40%缴纳。其余收益都归镇集体，镇集体再具体分配到各村，村集体将这部分收益通过建设村内公共基础设施或分红于农户等措施，还利于广大农民。

### （三）武进试点对全国征地制度改革的启示

**1. 明确征地范围**

武进区研究制定出台了《常州市武进区土地征收范围（试行）》，探索界定公共利益和土地征收边界。除基础设施、公共事业、保障房等五种公益用地需求，在非公益用地范围内不得动用土地征收权征收集体土地。并以目录的方式明确了公益性用途的类型，收窄征地范围，压缩政府权力。这一改革探索为2019年《土地管理法》的第三次修正提供了直接支撑。

**2. 优化征地程序**

在规范征地程序方面，武进建立健全了社会稳定风险评估机制和民主协商机制，探索签订征收补偿安置协议，健全矛盾纠纷化解机制，充分发挥土地督察机构的职能，对各地建设中存在的违规违法征占土地行为进行全面清理，有效避免了征地纠纷；同时创新了预征地制度，在已纳入土地利用年度计划的前提下，采取“先补偿安置、后征收报批”的试点工作，对已实施补偿安置的，经集体经济组织申请，按照区被征地农民保障制度整村或整组进入被征地社会保障体系，所涉及的集体土地由镇一级集体经济组织行使权能。

3. **探索多元保障机制**

武进区积极探索农民的多元保障机制，在实践中逐步形成了住房、社保、就业、股权分红、基础设施、公共服务“六位一体”的多元化保障模式。按照先补偿后搬迁、居住条件有改善的原则，把宅基地的补偿安置和户有所居保障相结合，加大征地补偿安置力度，适时调整补偿标准，提高征地补偿水平，同时因地制宜，拓展有效安置途径，维护农民长远生计。例如，通过实施合理的补偿安置政策、探索留用物业、加大就业培训力度等多种保障途径，改善农民居住环境，促进农村劳动力转移就业，发展壮大农村集体经济，实现被征地农民生活水平有提高、长远生计有保障。从而保障被征地农民的持续生存和发展能力。

## 三 新土改的顶层设计

### （一）顶层设计的两个基本目标：保障支撑与划定红线

顶层设计是在土地制度改革中，将现行的土地管理制度框架与我国的基本制度、资源基本国情、经济社会发展阶段要求相适应。具体而言，顶层设计具有提供保障支撑与划定红线两个基本目标。前者，更多地体现在政府权力的收缩和自治组织权力的赋予，以顶层设计来保障基层自治权力的来源。土地管理制度的改革完善需要坚实的探索实践支撑，而基层的创新实践经验便是源头活水，必须充分尊重地方和群众的首创精神，认真总结地方实践经验。并给予其相应的承认与顶层设计支撑。而后者，则更多地体现为划定自治权力的禁区。在发挥市场机制的同时，也要防备市场失灵。为了适应我国人口、资源等特殊国情要求，武进改革始终把严格保护耕地作为改革的前提，坚守耕地保护红线，实行耕地数量、质量和环境保护并重，进一步夯实城镇化发展的现代农业基础，以保“资源底线”。为了顺应土地管理制度在经济社会发展中特有地位的要求，始终把维护权益、群众满意放在首位，坚持以人为本、地利共享，协调好土地利益关系，促进社会和谐稳定，以保“权益底线”。总而言之，完善土地公有制，坚持市场化改革方向，改进政府管控，不断完善与我国特殊国情和特定发展阶段相适应的土地管理制度政策体系，促进经济转型升级、社会和谐稳定和生态环境改善，最终实现城镇化发展目标与土地管理目标的协调统一。

### （二）农村宅基地制度顶层设计

#### 1. 理顺宅基地制度改革与劳动力迁移之间的关系

当下农民工群体城乡之间往复迁移已成为我国新型城镇化发展过程中的一个重要组成部分，学者们也已经意识到了农民土地权利的退出与其城乡迁移之间的重大关联。但我国常年累积的城乡隔离的二元土地制度已然切断了农村宅基地退出和劳动力迁移的联系，从而无法构造一个使这些人口从农村逐渐但又是全面转移出来的良性循环机制（陶然，2005）。

具体而言，农民工在教育、就业、医疗、养老等各个方面都不能和城镇居民享受同等公共服务，而农村不管是留守的人还是闲置的地反映出的都是日益严重的农村与城市发展不均的问题，这些必然会制约“真城市化”的实现，给社会带来很多隐患，显然，这一系列对于农民不利的问题也都将影响农民工市民化的意愿及能力（B. Corenblum，2008）。鉴于此，有学者认为，农民若能有偿退出土地，则可对其在城市市民化起到有力支撑（潘家华，2013），进而促进其城乡间的迁移。因此，只有理顺了宅基地退出与劳动力迁移之间的关系，明确两者间是如何互相影响的，才能通过恰当合理的宅基地相关制度来促进劳动力迁移，同时通过合理有序的劳动力迁移影响其农村宅基地的退出。

**2. 建立健全宅基地有偿退出机制，促进城镇化发展**

在明确了宅基地制度改革与劳动力迁移的关系及互相影响程度之后，应逐步探索建立农村宅基地有偿退出机制，给予农民多元化的宅基地退出补偿，及时有效地盘活农民的农村资产，使其变为资本以支撑农民工的市民化。具体而言，可结合农民市民化的可行能力，合理设计宅基地退出的门槛、梯度与多样化补偿机制，以农业转移人口自身的市民化可能性为退出门槛，根据不同的市民化情况，设置与之对应的梯度化、多样化补偿机制。从部分退出、完全退出、暂时退出与永久退出，换股权、换厂房、换住房、换补偿等不同方面，允许农民自主选择符合其需要的补偿方式。

### （三）农村集体经营性建设用地入市制度顶层设计

**1. 土地产权结构安排调整，以法律明晰个人权利、集体权利及二者间关系**

由于历史遗留及前期法律法规不健全等原因，农村集体经营性建设用地入市流转过程中起决定性作用的流转主体仍存在权利义务模糊不清、多重性、主观性和不确定性的特点，同时，正是因为产权主体不明导致我国集体土地产权界定不清、占有关系混乱，土地纠纷事件层出不穷。因此，合理界定集体建设用地所有权主体，明确规定权利义务关系是保障集体经营性建设用地健康入市流转的前提基础。

具体而言，应明确集体组织的范围，解决现实实践中行政组织代行集体组织职责的现象，还农民集体的自主治理权。同时，民法上的共有关系可以划分为共同共有和按份共有，但是集体土地的所有权主体是抽象主体，有别于民法上一般的共有，应在《物权法》中单独规定（王利明，2004），可以将集体建设用地使用权作为一类特殊的用益物权，通过物权立法对其进行法律规范和调整。

**2. 推动农村土地产权市场交易完善，保障各类市场参与及服务组织的权益**

土地前期的流转与盘活，后期的收益分配与监管等要想顺利实施，离不开一个成熟完善的土地产权交易市场。而土地产权交易市场的正常运行，又离不开各类市场参与主体及各方服务组织的配合与协作。因此，在农村集体经营性建设用地入市的过程中，应注重引导多方市场主体和服务组织的进入，并制定交易规则，使得土地在市场中健康交易，从而发挥更大的价值。同时适时建立健全相应的监督监管机制，引入政府等监管主体，对各方参与主体及服务组织进行权利的约束，避免土地产权市场交易的风险。

**3. 划定基本禁区，防止市场失灵**

在放权于市场，使市场成为资源配置中起决定性作用的主体的同时，也要防范市场由于不完全竞争、外部影响、公共物品、不完全信息等原因产生市场失灵，应及时规范划定相关市场禁区与管理制度，确保政府的监督监管与调控职能，例如对垄断、寡头进行管控，规范定价，避免非生产性的寻利活动，同时政府应主导加大对市场主体的扶持，按市场机制匹配供需，最后，还应加大信息的流动、树立诚信道德风尚、加大不良行为的处罚，以实现市场的健康发展。

### （四）农村征地制度顶层设计

**1. 合理界定公益性用地，缩小土地征收范围**

不同国家、不同时代、不同经济发展条件下公益性用地都会体现不同的含义。应从规章制定与政府决策机制两个方面探索界定公共利益用地的边界，进一步缩小土地征收范围。在《土地管理法》最新修正对公共利益的范围作出明确界定以后，应重点对实践中公共利益的认定与争议解决机制进行配套完善。

**2. 完善征地程序，规范政府征地行为，探索征收补偿标准**

结合新版《土地管理法》的修正和“武进模式”的经验，征地过程中应按照“先协商，后征收；先补偿，后审批”的路径，在此过程中清晰界定征地各方利益主体的权、责、利，避免行政力量的过度外延以及寻租空间产生，同时探索多元化的征收补偿标准，在充分尊重当事人意愿的基础上，通过货币安置、农业安置、就业安置、社保安置、入股分红安置、留地安置等多样化的征地安置方式，适当补偿被征地农民难以量化的非经济上的附带损失。

**3. 求实创新，维权维稳，做好法律顶层设计**

根据以往征收工作包括现阶段农村土地征收制度试点过程中遇到的问题及相关经验与教训，结合农民对征收现状的意见建议和政策诉求，探索完善《土地管理法》的实施细则及相关配套法律法规和政策等顶层设计，有效解决现实当中准确、合理界定土地征收公益性目的，完善多元化补偿安置、保障被征地农民的选择权等问题，从而为我国今后农村土地征收制度的顺利实施保驾护航。

## 四　新土改的制度安排

### （一）农村宅基地制度安排

**1. 保障基本需求，探索宅基地有偿使用与闲置盘活**

在保障“户有所居”的基础上，针对因历史遗留而产生的一户多宅、超占宅基地等情况，探索有偿使用机制，保障乡村其他村民的权益。此外，对于农村因农户常年不在家或其他情况而产生闲置的宅基地，村集体应领导探索闲置宅基地的盘活办法，例如可以通过建立股份合作社等集体经济组织，使得闲置宅基地可以入股产生收益，进而让农民分红，从而最大化地显化农民的资产，增加村民的收入。

**2. 允许有条件者尝试宅基地有偿退出**

在新型城镇化发展的背景下，针对不同的人群可采取差别化的宅基地制度，例如有些农民市民化意愿强烈且也有相应能力，则可在充分尊重其意愿的基础上，探索通过宅基地的有偿退出，化农民的农村资产为进城资本，进一步支持其市民化，分担市民化成本。同时，宅基地的有偿退出也使得村集体能进一步整合村内的建设用地，例如，可以整理复垦，增加耕地面积，又或者可以通过集体经营性建设用地入市的途径，将其放于市场上获得收益，与国有土地同权同价，增加农民的收入，也避免了土地的浪费，还突破了乡村发展的空间限制。

### （二）农村集体经营性建设用地入市制度安排

**1. 集体经营性建设用地入市主体多元化、交易平台公开化，保障同权同价**

农村集体经营性建设用地入市改革是为了让集体经营性建设用地和国有土地实现同权同价，形成对土地市场的有益补充，催生农业农村发展的新动能。在入市主体的设置上，考虑到有些土地分散在不同所有者之间，应探索对应不同情况的差别化入市主体形式。例如北京大兴区西红门镇以镇为基本单位，统一规划调整，各个村集体土地统筹入市。通过成立镇集体联营公司，按照公司法人结构运行，从而发挥了市场主体作用，保证了镇域内各村共享土地收益。而作为欠发达地区，吉林省长春市九台区集体经济组织弱小，当地探索村委会代行集体经济组织职能，与土地使用者签订用地合同，激发村民自治能动性。可见，集体经营性建设用地入市主体的设置要结合地方实际，尊重农民主体地位，实现让利于民。特别要强化土地入市的民主机制，做到信息公开，决策公正，发挥基层民主作用，保证试点工作稳步推进。

**2. 入市收益共享，分配方式多元，保障集体资产保值增值**

集体经营性建设用地入市的过程中，谁成为入市主体关系着“谁来分配土地收益”的问题，农村土地制度改革目的是让农民分享土地增值收益，让他们成为土地的主人，激发管理、开发土地的热情。因此，让集体和农民成为入市主体，通过成立经济合作社等集体经济组织或由村委会代理完成入市，最后的收益也应由村集体与村民共享，保障农户的权益。

而在入市的收益分配环节，如何平衡国家、集体和个人的利益，既能实现所有者利益，又能体现社会公平正义，是农村集体经营性建设用地入市试点的重要任务。例如，在改革试点之一的武进区，在集体经营性建设用地入市后，武进区政府收取20%的调节金，剩余的收益都存于乡镇一级的集体中，通过基础设施建设、公益事业的投入、农民的资产分红等形式进行二次分配，壮大了中间的镇村一级集体。集体组织通过多种方式获得长期收益，使土地权益得到充分保障，农民收入显著增加。

此外，集体经济组织应该加强资产管理，利用多种途径，实现集体资产的保值增值，壮大集体经济。防止简单化分钱方式，影响农村发展的内生动力，要把实现国家、集体和个人利益平衡，作为统筹协调推进改革的关键切入点，维护好各方利益，让农民有更多的获得感，才能进一步增强改革的整体性、系统性。

### （三）农村征地制度安排

**1. 公益性用地范围明确，缩小征地范围**

在征地制度改革试点中，依据缩小征地范围、控制征地规模的工作思想，让明显属于非公益性的用地退出征地范畴。严格履行征地程序，保障被征地农民合法权益。加大征地补偿安置力度，维护农民长远生计，适时调整补偿标准，提高征地补偿水平，同时因地制宜，拓展有效安置途径。在武进区的实践中，首先，通过制定详细的征地目录，明确公益性非公益性的范围，有效控制了征地范围；其次，通过多元化的征地保障机制，如留地安置，土地入股等形式量化被征收土地的发展权益，保障农民的合法权益；同时给农村集体经济组织安排相应的建设用地，并且通过用途安排、明确规划等手段，确保老百姓发展权益的实现，切实保障被征地农民的持续生存和发展能力。

**2. 优化征地程序，建立健全征地监督及纠纷处理机制**

我国集体土地征收程序可以划分为报批前程序、审批、批后实施程序以及征地争议裁决四个主要阶段。在征收制度改革中，各地都积极探索优化征地程序的措施，例如在征地实施过程中普遍健全了组织机构，加大了政策宣传力度，提高了征地工作的透明度，保障了被征地农民的知情权和参与权，同时深入实地化解征地矛盾纠纷，充分发挥土地督察机构的职能，对各地工业园区、科技园区、文化产业园建设中存在的违规违法征占土地行为进行全面清理。有力地促进了征地工作的顺利开展，保障了地方经济的平稳快速发展。

# 参考文献

## 一　中文文献

潘家华：《中国城市发展报告 NO.6：农业转移人口的市民化》，社会科学文献出版社 2013 年版。

詹姆斯·N. 罗西瑙：《没有政府统治的治理》，江西人民出版社 2001 年版。

［美］埃莉诺·奥斯特罗姆：《公共事务的治理之道》，译文出版社 2014 年版。

柴铎、董藩：《美国土地发展权制度对中国征地补偿改革的启示——基于福利经济学的研究》，《经济地理》2014 年第 2 期。

陈斐、况学文：《我国农村税费改革成效、问题及政策建议》，《华中农业大学学报》（社会科学版）2003 年第 4 期。

丁琳琳、吴群、李永乐：《土地征收中农户福利变化及其影响因素——基于江苏省不同地区的农户问卷调查》，《经济地理》2016 年第 12 期。

韩松：《城镇化进程中入市集体经营性建设用地所有权归属及其与土地征收制度的协调》，《当代法学》2016 年第 6 期。

孔祥智、张琛：《十八大以来的农村土地制度改革》，《中国延安干部学院学报》2016 年第 3 期。

刘守英：《中国土地制度改革——上半程及下半程》，《国际经济评论》2017 年第 5 期。
罗必良：《农村土地制度：变革历程与创新意义》，《南方经济》2008 年第 11 期。
唐云锋、温其玉、郭贯成：《补偿核算新视角：土地征收与农民“被动性”市民化——以江苏省南京市为例》，《中国土地科学》2015 年第 5 期。
陶然：《城市化、农地制度与迁移人口社会保障——一个转轨中发展的大国视角与政策选择》，《经济研究》2005 年第 12 期。
汪晖、陶然：《论土地发展权转移与交易的“浙江模式”——制度起源、操作模式及其重要含义》，《管理世界》2009 年第 8 期。
王小映：《赋予农民土地承包经营权——30 年农村土地制度改革的最大成就》，《中国土地》2008 年第 12 期。
王永慧、严金明：《农地发展权界定、细分与量化研究——以北京市海淀区北部地区为例》，《中国土地科学》2007 年第 2 期。
王勇、李广斌：《基于“时空分离”的苏南乡村空间转型及其风险》，《国际城市规划》2012 年第 1 期。
王悦洲：《当前我国农村税费改革的特点及走向》，《社会主义研究》2004 年第 6 期。
吴次芳、谭荣、靳相木：《中国土地产权制度的性质和改革路径分析》，《浙江大学学报》（人文社会科学版）2010 年第 6 期。
夏柱智：《乡村合谋视角下的混混治村及后果——基于中部 G 村“示范点”的调查》，《青年研究》2014 年第 1 期。
臧俊梅、王万茂、陈茵茵：《农地非农化中土地增值分配与失地农民权益保障研究——基于农地发展权视角的分析》，《农业经济问题》2008 年第 2 期。
张鹏、高波：《土地准征收与补偿：土地发展权视角》，《南京农业大学学报》（社会科学版）2015 年第 2 期。

张晓山：《改革开放以来农村土地制度变革的法律、政策与实践回顾》，《中国经济史研究》2013 年第 3 期。
郑风田、傅晋华：《农民集中居住：现状、问题与对策》，《农业经济问题》2007 年第 9 期。
周飞舟：《从汲取型政权到“悬浮型”政权——税费改革对国家与农民关系之影响》，《社会学研究》2006 年第 3 期。
朱一中、曹裕：《农地非农化过程中的土地增值收益分配研究——基于土地发展权的视角》，《经济地理》2012 年第 10 期。
诸培新、余红亮、王敏：《江苏省土地增值收益分配现状与改革方向——基于东海等九县市的实证分析》，《农业科学研究》2016 年第 2 期。
陈世伟：《土地流转背景下的村社治理研究——基于浙江镇海乡村社区的实证考察》，博士学位论文，华中师范大学，2011 年。
许远旺：《规划性变迁：机制与限度——中国农村社区建设的路径分析》，博士学位论文，华中师范大学，2010 年。

## 二　外文文献

Commission on Global Governance. Our Global Neighbourhood [M]. Oxford University Press, 1995.
Corenblum B. Relationships Between Racial—Ethnic Identity, Self esteem and In-group Attitudes Among First Nation Children [J]. Joural of Youth Adolescence, 2014 (3).
E. Williamson, The New Institutional Economics: Taking Stock, Looking Ahead [J]. Journal of Economic Literature, Vol. 38, No. 2 (2000).
Gianluca Brunori, Adanella Rossi. Differentiating countryside: Social

representations and governance patterns in rural areas with high social density: The case of Chianti, Italy [J]. Journal of Rural Studies, 2007 (23).

Stephan Rist, Mani Chidambaranathan, Cesar Escobar et al. Moving from sustainable management to sustainable governance of natural resources: The role of social learning processes in rural India, Bolivia and Mali [J]. Journal of Rural Studies, 2007 (23).

# 附件一　武进农村土地制度改革出台的政策文件（部分）

## 武进区农村土地制度改革三项试点领导小组

武土改〔2017〕1号

---

## 关于印发《常州市武进区农村集体经营性建设用地入市管理办法（试行）》的通知

各镇党委、人民政府，开发区党工委、管委会，街道党工委、办事处，区各有关部门：

经区农村土地制度改革三项试点工作领导小组同意，现将《常州市武进区农村集体经营性建设用地入市管理办法（试行）》印发给你们，请认真遵照执行。

常州市武进区农村土地制度改革三项试点工作领导小组

2017年2月21日

# 常州市武进区农村集体经营性建设用地入市管理办法（试行）

## 第一章 总则

**第一条** 为规范农村集体经营性建设用地入市行为，构建城乡统一的建设用地市场体系，保障农村集体经济组织和农民的合法权益，根据《全国人民代表大会常务委员会关于授权国务院在北京市大兴区等三十三个试点县（市、区）行政区域暂时调整实施有关法律规定的决定》（人大常会字〔2015〕1号）、《中共中央办公厅国务院办公厅关于农村土地征收、集体经营性建设用地入市、宅基地制度改革试点工作的意见》（中办发〔2014〕71号）、《国土资源部关于印发农村土地征收、集体经营性建设用地入市和宅基地制度改革试点实施细则的通知》（国土资发〔2015〕35号）和《江苏省常州市武进区统筹协调推进农村土地制度改革试点实施方案》等文件精神和有关要求，结合我区实际，制定本办法。

**第二条** 常州市武进区范围内的农村集体经营性建设用地入市，适用本办法。

本办法所称农村集体经营性建设用地，是指依法取得并在土地利用总体规划、城乡建设规划中确定为工矿仓储、商服、旅游等用途的存量农村集体建设用地。

**第三条** 集体经营性建设用地入市，是指在农村集体经营性建设用地所有权不变的前提下，农村集体经营性建设用地使用权按照依法、自愿、公平、公开的原则，以有偿方式发生转移的行为。

**第四条** 中华人民共和国境内外的公司、企业、其他组织和自然人，除法律、法规另有规定外，均可依照本办法取得农村集体经营性建设用地使用权。

**第五条** 区人民政府全面负责集体经营性建设用地入市工

作的管理、指导和监督，区国土管理部门具体承办。

常州市公共资源交易中心武进分中心是区农村集体经营性建设用地入市公开交易的服务机构。区内的农村集体经营性建设用地入市交易应当在区公共资源交易中心平台进行。

区农村集体资产管理办公室、发改局、财政局、地税局、环保局、住建局、民政局、不动产登记交易中心、规划管理部门等按照各自职责做好相关工作。

## 第二章　入市范围、途径

**第六条**　依法取得、符合规划的工矿仓储、商服、旅游等用途的农村集体经营性建设用地，具备开发建设所需基础设施等基本条件可开发利用的，农村集体经营性建设用地可直接入市。

**第七条**　根据土地利用总体规划和土地整治规划，经市政府批准后，在确保建设用地不增加，耕地数量不减少、质量有提高的前提下，对村庄内零星、分散的农村集体经营性建设用地先复垦后，可按计划在全区范围内调整后入市。

**第八条**　对历史形成的城中村农村集体建设用地，按照政府主导、多方参与的原则，依据经批准的规划开展土地整治，对规划范围内各类土地统一进行复垦、基础设施配套，重新划分宗地和确定产权归属。对不予征收的，在优先保障城中村居民住房安置等用地后，属于经营性用途的农村集体建设用地，可按规定入市。

**第九条**　异地调整地块涉及不同集体经济组织的，可相互调换土地所有权。土地所有权调换应按下列程序办理：

（一）集体经济组织之间自愿协商，形成调换土地所有权方案，并经双方集体经济组织成员或成员代表会议表决同意，双方签订调换土地协议；

（二）调换土地所有权的相关事项需经所属镇政府（开发区管委会）批准；涉及跨镇调换的，需分别经所属镇政府（开发区管委会）批准；

（三）集体经济组织向相关部门提供调换土地协议、会议决议、镇政府（开发区管委会）批准文件等资料，并申请所有权变更登记。

**第十条** 异地调整地块涉及不同级差的，可采用货币补差等方式调换所有权。

无法以地换地调换所有权的，可采用纯货币补偿方式调换所有权，涉及的调出土地方集体经济组织成员可参照被征地农民纳入社会养老保障体系。

**第十一条** 集体经营性建设用地入市地块应当符合以下要求：

（一）产权明晰、无权属争议；

（二）未被司法机关、行政机关限制土地权利；

（三）符合国民经济和社会发展规划、土地利用总体规划、城乡建设规划、生态环境保护规划；

（四）土地补偿到位，缴清相关规费。

**第十二条** 入市交易的集体经营性建设用地一并纳入土地供应年度计划管理，实行城乡供地规模统筹调控。

## 第三章 入市主体

**第十三条** 农民集体是农村集体经营性建设用地的入市主体并享有其所有权。鼓励农民集体以合理方式委托代理主体代为管理入市相关事务。

**第十四条** 集体经营性建设用地属镇集体经济组织的，可以由镇资产管理公司或其代理人作为入市代理实施主体。

**第十五条** 集体经营性建设用地属村集体经济组织的或者村内其他集体经济组织的，可以委托镇资产管理公司作为入市代理实施主体。

## 第四章 入市方式

**第十六条** 集体经营性建设用地可按出让、租赁、作价出资（入股）等有偿使用方式入市。依法取得的集体经营性建设用地使用权，在使用期限内可以转让、出租、抵押。

**第十七条**　集体经营性建设用地使用权出让、作价出资（入股）入市的，最高年限为工矿、仓储用地50年；商服、旅游等用地40年。集体经营性建设用地使用权以租赁方式入市的，最低租赁期限不少于5年，最高租赁期限不得超过20年。

**第十八条**　集体经营性建设用地出让，是指集体经营性建设用地所有权人将一定年限的集体经营性建设用地使用权出让，由集体经营性建设用地受让人向集体经营性建设用地所有权人支付土地出让金的行为。

**第十九条**　集体经营性建设用地租赁，是指集体经营性建设用地所有权人将集体经营性建设用地一定期限内的使用权租赁给土地使用者，由土地使用者根据合同约定支付租金的行为。

**第二十条**　集体经营性建设用地作价出资（入股），是指集体经营性建设用地所有权人以一定期限的集体经营性建设用地使用权作价，作为出资与他人组建新企业或增资入股到已有企业的行为，该土地使用权由企业享有。集体经营性建设用地的土地使用权作价出资（入股）形成的股权由集体经营性建设用地所有权人或其委托的主体单位享有。

**第二十一条**　集体经营性建设用地使用权转让，是指集体经营性建设用地使用权人按照集体经营性建设用地出让合同的相关规定将集体经营性建设用地使用权再转移的行为。

集体经营性建设用地使用权出租，是指集体经营性建设用地使用权人作为出租人，按照集体经营性建设用地出让合同的相关规定将集体经营性建设用地使用权出租，由承租人向出租人支付租金的行为。

**第二十二条**　集体经营性建设用地使用权抵押，是指将集体经营性建设用地使用权作为债权担保的行为。以出让、作价出资（入股）、租赁和转让方式取得的集体经营性建设用地使用权可按照相关规定办理抵押。集体经营性建设用地使用权抵押贷款试点暂行办法另行制定。

集体经营性建设用地使用权抵押应当到区不动产登记交易中心办理抵押登记；抵押权因债务清偿或其他原因而消灭的，应当办理注销抵押登记。

**第二十三条** 以租赁方式取得集体经营性建设用地使用权抵押的，其抵押期限不得超过租赁期限，抵押登记证明应当注明租赁土地的租赁期限和租金交纳情况。

## 第五章 入市程序

**第二十四条** 集体经营性建设用地出让、租赁交易形式有招标、拍卖、挂牌和协议等。原则上应当采用招标、拍卖和挂牌形式交易。

**第二十五条** 集体经营性建设用地入市应经本集体经济组织集体研究决定，并依法形成《集体经营性建设用地入市决议》。

**第二十六条** 《集体经营性建设用地入市决议》包括：

（一）载明集体经营性建设用地所有权人、地块位置、四至、面积、开发用途等；

（二）集体经营性建设用地入市有偿使用方式、使用年限；

（三）集体经营性建设用地入市交易的形式；

（四）集体经营性建设用地入市交易底价，采用招标、拍卖、挂牌形式的应明确是否设置保留底价；

（五）集体经营性建设用地入市地价款支付方式；

（六）集体经营性建设用地入市双方的权利义务及违约责任，期限届满时集体经营性建设用地使用权及地上建筑物的处理办法等。

（七）其他需要集体决策的内容。

**第二十七条** 区国土管理部门要建立城乡统一的建设用地基准地价评估体系。研究制定建设用地基准地价评估标准，实行动态调整，及时向社会发布。

**第二十八条**　集体经营性建设用地使用权入市地价应当选择有资质的评估机构评估或参照建设用地基准地价标准来确定。

**第二十九条**　区规划管理部门、各镇政府（开发区管委会）分别按照经依法批准的城区、集镇区的控制性详规和传统农区的村庄规划，确定入市土地的规划条件或规划指标，办理相关规划许可。

传统农区的，由入市实施主体提出入市土地的建设内容，报区规划管理部门审核后，作为入市交易的规划建设指标；

城区、集镇区的，由区国土管理部门提请区规划管理部门出具规划条件。

**第三十条**　区国土管理部门定期召集相关镇（开发区）和部门，对提出入市申请的地块进行联合会审。各部门按照职责，对以下内容进行审核：

（一）区发改局、经信局审核产业政策要求；

（二）区环保局审核环保要求；

（三）区规划管理部门审核各类规划要求；

（四）区国土管理部门审核土地规划、土地所有权、地类。

（五）其他需要审核的情况

**第三十一条**　集体经营性建设用地入市由实施主体向区国土管理部门提出入市申请，申请资料应包括：

（一）入市申请书；

（二）《集体经营性建设用地入市决议》；

（三）土地所有权证明材料；

（四）所在镇政府（开发区管委会）和相关部门审核意见；

（五）土地补偿协议和规费缴纳证明；

（六）其他需要提供的资料。

**第三十二条**　集体经营性建设用地入市由区国土管理部门拟定入市方案报区政府批准后，发放《常州市武进区农村集体经营性建设用地入市核准书》。

**第三十三条** 集体经营性建设用地使用权出让、租赁交易完成后，由出让方与竞得人签订《常州市武进区农村集体经营性建设用地成交确认书》（以下简称《成交确认书》）。

交易结果应在区公共资源交易中心网络平台和村务公开栏等进行公布，接受社会和群众监督。

**第三十四条** 集体经营性建设用地使用权作价出资（入股）完成后，其交易信息应在村务公开栏、区公共资源交易中心官方网站等进行公布。新组建的企业或增资入股后的企业在完成工商登记后，应当申请入市土地的使用权登记。

**第三十五条** 集体经营性建设用地使用权交易双方应签订《常州市武进区农村集体经营性建设用地使用权出让（租赁、作价出资）合同》（以下简称《合同》）。

**第三十六条** 集体经营性建设用地使用权入市交易完成后，办理不动产登记；有地上建筑物的，同时申请登记。办理不动产登记时，应向区不动产登记交易中心提交土地登记申请书、申请人身份证明材料、《合同》、地价款、土地增值收益调节金缴纳证明和税收完税、免税或不征税证明等资料。

**第三十七条** 在办理不动产登记时，以出让和作价出资的方式入市的建设用地使用权，受让方可以作为权利人进行登记。

## 第六章 收益管理

**第三十八条** 集体经营性建设用地入市，应承担相应的基础设施建设等开发成本。集体经营性建设用地使用权发生出让、租赁、作价出资（入股）和转让等交易行为的，交易双方都应当按照规定缴纳土地增值收益调节金。

**第三十九条** 区财政局要会同区国土管理部门等部门制定土地增值收益调节金征收及使用办法，规范调节金的征收、使用和监管，报区政府批准后实施。土地增值收益调节金主要用于统筹城镇和农村基础设施建设、农村生态补偿、被征地农民保障、风险基金等。

**第四十条**　区财政局应设立农村集体经营性建设用地入市专用账户，交易资金应当全部进入专户管理。土地增值收益调节金按照政府非税收入管理，资金全额上缴区财政，实行收支两条线管理。

**第四十一条**　农村集体经济组织获得的集体经营性建设用地入市增值收益，归农村集体经济组织所有，在集体经济组织内部合理分配。主要用于量化股权、社会保障、完善基础设施和提升农村公共服务等公益事项。建立集体经营性建设用地入市增值收益辅助账户，纳入农村集体三资平台统一管理。

## 第七章　交易规范

**第四十二条**　农村集体经营性建设用地入市实行交易保证金制度，参照国务院城镇国有土地使用权出让转让暂行条例执行。

**第四十三条**　集体经营性建设用地使用权人应认真执行法律、法规和政策的规定，按照合同的约定开发使用土地，未经批准不得改变土地用途、容积率等土地使用条件。

农村集体经营性建设用地不得用于商品住宅开发。

**第四十四条**　农村集体经营性建设用地使用权出让、租赁、作价出资（入股）年限届满的，农村集体经营性建设用地使用权、地上建筑物及附着物按出让、租赁、作价出资（入股）合同的约定处理；未约定的，由双方协商处理。

**第四十五条**　按租赁方式取得的集体经营性建设用地使用权，承租人未按《合同》约定按时交纳土地租金的，集体经营性建设用地所有权人可以解除合同，收回土地使用权。

**第四十六条**　区国土管理部门建立农村集体经营性建设用地信息管理制度，进行实时动态管理。加强与交易机构的衔接，将交易信息及时录入农村集体经营性建设用地信息管理系统。

**第四十七条**　按照建立城乡统一的建设用地市场要求，积极培育农村集体经营性建设用地市场交易中介组织，引导国有建设用地市场交易中介组织参与集体经营性建设用地入市交易中介服务，为入市交易提供地价评估、交易代理、登记发证等中介服务。

**第四十八条** 因公共利益需要，依法对集体经营性建设用地实行征收的，经区政府批准后，集体经营性建设用地所有权人可提前收回土地使用权，但应对相关权益人依法予以补偿。

**第四十九条** 对未取得合法用地手续但符合相关规划的存量集体建设用地，在入市前应当向区财政缴纳相关规费。

## 第八章 法律责任

**第五十条** 集体经营性建设用地使用权入市违反本办法的规定交易的，区规划管理部门不得为其办理建设用地规划手续，区不动产登记交易中心不得为其办理登记手续。

**第五十一条** 国家工作人员在集体经营性建设用地入市过程中存在玩忽职守、滥用职权、徇私舞弊、弄虚作假等行为，造成集体资产流失的，由所在单位或者上级机关给予行政处分；构成犯罪的，依法移送司法机关追究刑事责任。

**第五十二条** 农村集体经济组织的经营管理者，在集体经营性建设用地入市过程中存在玩忽职守、滥用职权、徇私舞弊、弄虚作假等行为或者擅自侵占、挪用集体经营性建设用地入市收益，由纪检监察部门查处；构成犯罪的，依法移送司法机关追究刑事责任。

## 第九章 附则

**第五十三条** 本办法实施之前已依法批准流转的集体经营性建设用地，在符合规划、产业要求的前提下，按照依法自愿、协商一致、公平合理的原则，可参照本办法执行。

**第五十四条** 本办法由常州市国土资源局武进分局、常州市公共资源交易中心武进分中心共同负责解释。

**第五十五条** 本规定自发布之日起试行。执行期间，如出台新的规定，按新规定执行。

# 武进区农村土地制度改革三项试点领导小组

武土改〔2017〕2号

## 关于印发《常州市武进区农村集体经营性建设用地入市收益调节金征收和使用管理暂行办法》的通知

各镇党委、人民政府，开发区党工委、管委会，街道党工委、办事处，区各有关部门：

经区农村土地制度改革三项试点工作领导小组同意，现将《常州市武进区农村集体经营性建设用地入市收益调节金征收和使用管理暂行办法》印发给你们，请认真遵照执行。

常州市武进区农村土地制度改革三项试点工作领导小组

2017年2月21日

# 常州市武进区农村集体经营性建设用地入市收益调节金征收和使用管理暂行办法

## 第一章 总则

**第一条** 为规范集体经营性建设用地入市土地增值收益调节金（以下简称“调节金”）征收和使用行为，根据《武进区农村集体经营性建设用地入市管理办法》，制定本规定。

**第二条** 本办法所称调节金，是指按照建立同权同价、流转顺畅、收益共享的农村集体经营性建设用地入市制度的目标，在农村集体经营性建设用地入市及再转让环节，对土地增值收益收取的资金。

## 第二章 征收主体

**第三条** 调节金的征收主体为武进区人民政府，委托区国土管理部门、财政部门征收，在交易环节代扣代缴。

## 第三章 征收范围

**第四条** 武进区域内的农村集体经济组织将存量集体经营性建设用地入市，发生出让、租赁和作价出资（入股）等交易行为，以及入市后的农村集体经营性建设用地土地使用权人，发生出售、交换、赠与、出租、作价出资（入股）或其他视同转让等交易行为的，交易双方都应当依照本规定缴纳调节金。

## 第四章 征收标准

**第五条** 农村集体经济组织将存量集体经营性建设用地使用权出让、租赁、作价出资（入股）的，按以下办法缴纳调节金。

（一）以出让方式入市的，按成交价格分级累进缴纳调节金。出让价格在每亩100万元（含100万元）以内部分按20%缴纳；出让价格在每亩100万—200万元（含200万元）部分按30%缴纳；出让价格在200万元以上部分按40%缴纳。

（二）以租赁和作价出资（入股）方式入市的，在取得租金、股息、红利收入时，按照收入的20%缴纳。

**第六条**　入市的农村集体经营性建设用地再转让的，应根据土地增值收益、差价补偿数额按规定比例缴纳调节金。增值收益是指转让收入扣除取得集体经营性建设用地入市出让金（多次转让的按最近一次缴纳调节金对应的出让金）后的余额。

**第七条**　再转让农村集体经营性建设用地的，按以下方法缴纳调节金。

（一）以出售方式转让集体经营性建设用地的，销售价款为再转让收入，按增值收益分级累进缴纳调节金。增值收益在50%（含50%）以内部分按30%缴纳；增值收益在50%—100%（含100%）部分按40%缴纳；增值收益在100%以上部分按50%缴纳。

（二）以出租或作价出资（入股）方式再转让的，总租金、成交总价款为再转让收入，视同出售方式缴纳调节金。

（三）以交换方式再转让农村集体经营性建设用地，有差价补偿的，由收取差价补偿方按补偿价款的30%缴纳调节金。

（四）对无偿赠与直系三代亲属或承担直接赡养义务人，以及通过境内非营利性社会团体、国家机关赠与国内教育、民政等公益福利事业的，暂不征收调节金。其他赠与行为以评估价为再转让收入。

（五）以抵债、司法裁定等视同转让方式再转让的，评估价或合同协议价中较高者为再转让收入。

**第八条**　农村集体经营性建设用地使用权协议出让、出租、作价出资的，若协议价低于基准地价，以基准地价作为调节金的征收基数。

**第九条**　农村集体经济组织将存量集体经营性建设用地入市，发生出让、租赁和作价出资（入股）等交易行为，受让（承租）人应按成交地价总额的3%缴纳调节金。

**第十条**　依法取得的使用权进行再转让的，受让方和转让方按规定缴纳相关税费。

## 第五章 征收和使用

**第十一条** 调节金按照政府非税收入管理有关规定，资金全额上缴区财政，实行收支两条线管理。

**第十二条** 区公共资源交易中心应在5个工作日内将经其公开交易或鉴证的农村集体经营性建设用地交易信息提供给区财政部门。

**第十三条** 调节金缴纳义务时间和收缴方式。

1. 农村集体经济组织缴纳调节金义务时间为签订合同约定出让价格结算当日，区公共资源交易中心按照成交价款的缴纳进度同步代扣代缴调节金。

2. 农村集体经营性建设用地使用权人转让土地缴纳调节金义务时间为签订合同的5个工作日内，由转让人向区财政部门申请缴纳。

3. 土地使用权受让人调节金义务时间为签订合同的5个工作日内，将调节金缴纳至区公共资源交易中心。

4. 调节金缴纳义务人凭出让价款结清单和调节金结清单向区不动产登记交易中心申请办理不动产登记手续。

**第十四条** 区公共资源交易中心根据合同和交易信息，核定调节金应缴金额，开具武进区增值收益调节金缴款通知书（见附件）。缴款通知书应载明成交土地地块名称、坐落、面积、交易方式、成交总价款、调节金金额、缴款义务人和缴纳期限等。

**第十五条** 调节金主要统筹用于城镇和农村基础设施建设、农村环境整治、生态补偿、土地复垦、失地农民保障以及对农村经济困难群众的社保补助和特困救助等。根据本规定第九条和第十条征收的调节金全部由区级统一安排使用。根据本规定第五条和第六条征收的调节金按照区与镇（开发区）各50%安排使用，实行财政专户管理，其中镇分成部分的20%由区统筹用于扩充设立农村“三权”抵押贷款风险补偿资金。

## 第六章　罚则

**第十六条**　除由区公共资源交易中心代扣代缴调节金外，调节金缴纳义务人应在交易缴纳义务时间内缴纳调节金，未按规定及时足额缴纳调节金的，按日加收调节金额万分之五的滞纳金，滞纳金随同调节金一并纳入地方国库。

**第十七条**　对伪造、变造合同或串通订立虚假合同以及采取违规篡改历史成本、虚列扣除项目等其他不正当手段逃避缴纳调节金的，由区财政、国土资源管理部门责令改正，对应缴未缴调节金的，按调节金的 1.3 倍进行追缴。

## 第七章　附则

**第十八条**　本办法由区财政部门、区国土部门负责解释。

**第十九条**　本办法自发布之日起执行。执行期间，如上级出台新的政策，按新的政策执行。

# 武进区农村土地制度改革三项试点领导小组

武土改〔2017〕3号

## 关于印发《常州市武进区农村集体经营性建设用地入市净收益管理办法（试行）》的通知

各镇党委、人民政府，开发区党工委、管委会，街道党工委、办事处，区各有关部门：

经区农村土地制度改革三项试点工作领导小组同意，现将《常州市武进区农村集体经营性建设用地入市净收益管理办法（试行）》印发给你们，请认真遵照执行。

常州市武进区农村土地制度改革三项试点工作领导小组

2017年2月21日

# 常州市武进区农村集体经营性建设用地入市净收益管理办法（试行）

**第一条**　为切实加强农村集体经营性建设用地入市土地增值收益的管理，规范集体土地增值收益管理行为，维护农村集体经济组织和农民的利益，壮大农村集体经济实力，根据《关于农村土地征收、集体经营性建设用地入市、宅基地制度改革试点工作的意见》（中办发〔2014〕71号）、《关于印发农村土地征收、集体经营性建设用地入市和宅基地制度改革试点实施细则的通知》（国土资发〔2015〕35号）、《武进区农村集体资金资产资源管理办法》（武政办发〔2012〕91号）和《武进区农村集体经营性建设用地入市管理办法》等文件精神，制定本办法。

**第二条**　武进区行政区域内的农村集体经营性建设用地入市土地净收益（以下简称入市净收益）的管理适用于本办法。

**第三条**　区农村集体资产管理部门负责全区入市净收益管理的指导和监督工作；各镇（街道）农村集体经济组织（资产办）做好入市净收益的日常管理监督工作。

**第四条**　入市净收益的使用管理坚持协调统筹、权责一致、合理分配、保值增值的原则，充分发挥镇级集体的统筹作用，不断壮大村级集体经济，增加农民收入。

**第五条**　入市净收益，是指农村集体经济组织将集体经营性建设用地使用权，通过出让、租赁、作价出资（入股）等方式入市交易总价款扣除调节金、取得成本和土地开发支出等相关费用后的收益，以及再转让环节的再转让收入扣除调节金、取得成本和土地开发支出后的收益。

取得成本包含相关规费与补偿安置费用。补偿安置费用按照武进区被征地农民基本生活保障的有关政策核算。原依法租赁入市的，其取得成本参照集体工矿用地征收补偿标准进行核定。

**第六条** 各镇（街道）应尊重历史、确保政策衔接，统筹考虑镇村在基础设施投入、生态补偿和农民生活保障等承担责任的实际情况，协商确定镇、村集体分配比例，合理制定入市净收益分配方案，经相关程序后报区农村集体资产管理部门备案并实施。

**第七条** 对城镇规划区以外的宅基地进行土地整治后入市的，其收益全部归村组集体，镇级集体经济组织不再参与分配。

**第八条** 镇级入市净收益应由镇（街道）集体经济组织（资产办）统一管理，未建立或不健全的由镇（街道）财政代管，并设立专户实行单独核算管理，可用于本镇（街道）农村基础设施建设、农村居民民生项目和农村公共服务运行维护等支出。

**第九条** 村入市净收益作为集体积累，列入村集体公积公益金管理，可以折股量化到本集体经济组织成员，但不得直接分配，可用于发展生产壮大村集体经济等有稳定收入来源的项目，改善本集体组织成员的生产和生活配套设施等农村公共服务，以及教育奖励、贫困户和老年人补贴等民生项目的支出。

**第十条** 村入市净收益按照《村民委员会组织法》中规定的程序，可通过区、镇两级资产抵押等方式，分期分批拆借到区、镇两级政府，定向用于农村公益事业及公共服务基础设施的建设，但不得用于投资股市、民间借贷等高风险业务。拆借到区、镇两级政府，资金收益率原则上不低于央行同期贷款基准利率，确保集体资金保值增值。

**第十一条** 村入市净收益的再收益使用应当严格执行财务预决算、开支审批、民主管理和财务公开等管理制度。

**第十二条** 镇（街道）、村集体经济组织应当建立入市净收益管理台账，专门用于登记其入市取得的土地净收益及其再收益的使用管理情况。

**第十三条**　村入市净收益使用情况应向本集体经济组织成员公开，并接受成员的监督。

**第十四条**　村集体经济组织应定期在固定的公开栏和网上村委会对入市净收益资金使用管理情况实行同步公开。同时，将入市净收益纳入农村集体“三资”监管平台，实施重点监管，做到农经和纪检监察部门实时查询、实时指导、实时监管。

**第十五条**　区农村集体资产管理部门应依照《中华人民共和国审计法》和农业部《农村集体经济组织审计规定》的有关规定，可以委托区审计部门或者中介机构对入市净收益使用情况进行专项审计，将审计结果及时公开，接受监督。各镇（街道）农村集体经济组织（资产办）加强对村入市净收益的日常监管，建立审计制度，规范资金运行，促进集体资产保值增值。

**第十六条**　区、镇（街道）纪检部门对入市净收益管理监督过程中，发现违反有关规定的单位和个人要及时作出党纪政纪处理；涉嫌违法犯罪的，移交司法机关处理。

**第十七条**　本办法由区农村集体资产管理部门、区国土资源管理部门负责解释。

**第十八条**　本办法自发布之日起试行。执行期间，如出台新的办法，按新办法执行。

# 武进区农村土地制度改革三项试点领导小组

武土改〔2017〕4号

## 关于印发《常州市武进区土地征收范围（试行）》的通知

各镇党委、人民政府，开发区党工委、管委会，街道党工委、办事处，区各有关部门：

经区农村土地制度改革三项试点工作领导小组同意，现将《常州市武进区土地征收范围（试行）》印发给你们，请认真遵照执行。

常州市武进区农村土地制度改革三项试点工作领导小组

2017年2月21日

# 常州市武进区土地征收范围（试行）

根据《划拨用地目录》和《国有土地上房屋征收与补偿条例》，按照中央关于深化农村土地制度改革的有关要求，为保障国家安全、促进国民经济和社会发展等公益性项目用地需要，结合武进区实际，确定土地征收范围。

**一、国防和外交用地。**

（一）军事用地

1. 指挥机关、地面和地下的指挥工程、作战工程。

2. 营区、训练场、试验场。

3. 军用公路、铁路专用线、机场、港口、码头。

4. 军用洞库、仓库、输电、输油、输气管线。

5. 军用通信、通讯线路、侦察、观测台站和测量、导航标志。

6. 国防军品科研、试验设施。

7. 其他军事设施。

（二）外事用地

外国驻华使馆、领事馆、国际机构及其生活设施等用地。

**二、由政府组织实施非经营性的能源、交通、水利等基础设施建设用地的需要。**

（一）能源类

Ⅰ　*石油天然气设施用地*

1. 油（气、水）井场及作业配套设施。

2. 油（气、汽、水）计量站、转接站、增压站、热采站、处理厂（站）、联合站、注水（气、汽、化学助剂）站、配气（水）站、原油（气）库。

3. 防腐、防砂、钻井泥浆、三次采油制剂厂（站）、材料配制站（厂、车间）、预制厂（车间）。

4. 油（气）田机械、设备、仪器、管材加工和维修设施。

5. 油、气（汽）、水集输和长输管道、专用交通运输设施。

6. 油（气）田物资仓库（站）、露天货场、废旧料场、成品油（气）库（站）、液化气站。

7. 供排水设施、供配电设施、通讯设施。

8. 环境保护检测、污染治理、废旧料（物）综合处理设施。

9. 消防、安全、保卫设施。

Ⅱ　煤炭设施用地

1. 矿井、露天矿、煤炭加工设施，共伴生矿物开采与加工场地。

2. 矿井通风、抽放瓦斯、煤层气开采、防火灌浆、井下热害防治设施。

3. 采掘场与疏干设施（含控制站）。

4. 自备发电厂、热电站、输变电设施。

5. 矿区内煤炭机电设备、仪器仪表、配件、器材供应与维修设施。

6. 矿区生产供水、供电、燃气、供气、通讯设施。

7. 矿山救护、消防防护设施。

8. 中心试验站。

9. 专用交通、运输设施。

（二）交通类

Ⅰ　铁路交通设施用地

1. 铁路线路、车站及站场设施。

2. 铁路运输生产及维修、养护设施。

3. 铁路防洪、防冻、防雪、防风沙设施（含苗圃及植被保护带）、生产防疫、环保、水保设施。

4. 铁路给排水、供电、供暖、制冷、节能、专用通信、信号、信息系统设施。

5. 铁路专用物资仓储库（场）。

6. 铁路安全守备、消防、战备设施。

Ⅱ　公路交通设施用地

1. 公路线路、桥梁、交叉工程、隧道和渡口。

2. 公路通信、监控、安全设施。

3. 高速公路服务区（区内经营性用地除外）。

4. 公路养护道班（工区）。

5. 公路线路用地界外设置的公路防护、排水、防洪、防雪、防波、防风沙设施及公路环境保护、监测设施。

Ⅲ　民用机场设施用地

1. 机场飞行区。

2. 公共航空运输客、货业务设施：包括航站楼、机场场区内的货运库（站）、特殊货物（危险品）业务仓库。

3. 空中交通管理系统。

4. 航材供应、航空器维修、适航检查及校验设施。

5. 机场地面专用设备、特种车辆保障设施。

6. 油料运输、中转、储油及加油设施。

7. 消防、应急救援、安全检查、机场公用设施。

8. 环境保护设施：包括污水处理、航空垃圾处理、环保监测、防噪声设施。

9. 训练机场、通用航空机场、公共航运机场中的通用航空业务配套设施。

Ⅳ　水路交通设施用地

1. 码头、栈桥、防波堤、防沙导流堤、引堤、护岸、围堰水工工程。

2. 人工开挖的航道、港池、锚地及停泊区工程。

3. 港口生产作业区。

4. 港口机械设备停放场地及维修设施。

5. 港口专用铁路、公路、管道设施。

6. 港口给排水、供电、供暖、节能、防洪设施。

7. 水上安全监督（包括沿海和内河）、救助打捞、港航消防设施。

8. 通讯导航设施、环境保护设施。

9. 内河航运管理设施、内河航运枢纽工程、通航建筑物及管理维修区。

（三）水利设施用地

1. 水利工程用地：包括挡水、泄水建筑物、引水系统、尾水系统、分洪道及其附属建筑物，附属道路、交通设施，供电、供水、供风、供热及制冷设施。

2. 水库淹没区。

3. 堤防工程。

4. 河道治理工程。

5. 水闸、泵站、涵洞、桥梁、道路工程及其管护设施。

6. 蓄滞洪区、防护林带、滩区安全建设工程。

7. 取水系统：包括水闸、堰、进水口、泵站、机电井及其管护设施。

8. 输（排）水设施（含明渠、暗渠、隧道、管道、桥、渡槽、倒虹、调蓄水库、水池等）、加压（抽、排）泵站、水厂。

9. 防汛抗旱通信设施，水文、气象测报设施。

10. 水土保持管理站、科研技术推广所（站）、试验地设施。

（四）电力设施用地

1. 发（变）电主厂房设施及配套库房设施。

2. 发（变）电厂（站）的专用交通设施。

3. 配套环保、安全防护设施。

4. 火力发电工程配电装置、网控楼、通信楼、微波塔。

5. 火力发电工程循环水管（沟）、冷却塔（池）、阀门井水工设施。

6. 火力发电工程燃料供应、供热设施，化学楼、输煤综合楼，启动锅炉房、空压机房。

7. 火力发电工程乙炔站、制氢（氧）站，化学水处理设施。

8. 核能发电工程应急给水储存室、循环水泵房、安全用水泵房、循环水进排水口及管沟、加氯间、配电装置。

9. 核能发电工程燃油储运及油处理设施。

10. 核能发电工程制氢站及相应设施。

11. 核能发电工程淡水水源设施，净水设施，污水、废水处理装置。

12. 新能源发电工程电机，厢变、输电（含专用送出工程）、变电站设施，资源观测设施。

13. 输配电线路塔（杆），巡线站、线路工区，线路维护、检修道路。

14. 变（配）电装置，直流输电换流站及接地极。

15. 输变电、配电工程给排水、水处理等水工设施。

16. 输变电工区、高压工区。

**三、由政府组织实施的科技、教育、文化、卫生、体育、环境和资源保护、防灾减灾、文物保护、社会福利、市政公用等公共事业用地的需要。**

（一）公益性科研机构用地

1. 科学研究、调查、观测、实验、试验设施。

2. 科研机构办公设施及其配套基础设施。

（二）公益性教育设施用地

1. 学校教学、办公、实验、科研设施用地。

2. 校内文化、体育、卫生设施用地。

3. 学校宿舍、食堂、广场等生活服务设施用地。

4. 校内供水、供电、供热、通信、交通道路等基础设施用地。

5. 校内环卫安全设施用地。

（三）公益性公共文化设施用地

1. 图书馆、档案馆、博物馆、文化馆。

2. 青少年宫、青少年科技馆、青少年（儿童）活动中心。

3. 文化广场及其配套设施。

（四）公益性医疗卫生设施用地

1. 医院、门诊部（所）、急救中心（站）、城乡卫生院。

2. 各级政府所属的卫生防疫站（疾病控制中心）、健康教育所、专科疾病防治所（站）。

3. 各级政府所属的妇幼保健所（院、站）、母婴保健机构、儿童保健机构、血站（血液中心、中心血站）。

（五）公益性体育设施用地

1. 各类体育运动项目专业比赛和专业训练场（馆）、配套设施（高尔夫球场除外）。

2. 体育信息、科研、兴奋剂检测设施。

3. 全民健身运动设施（住宅小区、企业单位内配套的除外）。

（六）环境和资源保护用地

1. 排水设施用地：雨水泵站、污水泵站、污水处理、污泥处理厂等设施及其附属的构筑物用地。

2. 环卫设施用地：垃圾转运站、公厕、车辆清洗站、环卫车辆停放修理厂等设施用地。

3. 环保设施用地：垃圾处理、危险品处理、医疗垃圾处理等设施用地。

（七）防灾减灾

1. 消防站、消防通信及指挥训练中心等设施用地。

2. 防洪堤、防洪枢纽、排洪沟渠等设施用地。

（八）文物古迹用地

具有保护价值的古遗址、古墓葬、古建筑、石窟寺、近代代表性建筑、革命纪念建筑等用地（已作其他用途的文物古迹用地除外)。

（九）公益性社会福利设施用地

1. 综合性社会福利设施。

2. 老年人、儿童、残疾人社会福利设施。

3. 收容遣送设施、收养收容服务设施。

4. 与公益性社会福利设施相配套的服务设施。

（十）公益性城市基础设施用地

1. 供水设施：包括水源地、取水工程、净水厂、输配水工程、水质检测中心、调度中心、控制中心。

2. 燃气供应设施：包括人工煤气生产设施、液化石油气气化站、液化石油气储配站、天然气输配气设施。

3. 公共交通设施：包括城市轻轨、地下铁路线路、公共交通车辆停车场、首末站（总站)、调度中心、整流站、车辆保养场。

4. 道路广场：包括市政道路、市政广场。

5. 绿地：包括公共绿地（住宅小区、工程建设项目的配套绿地除外)、防护绿地。

（十一）特殊用地

1. 监狱用地。

2. 看守所、治安拘留所、收容教育所用地。

3. 宗教用地。

4. 戒毒所、精神病院用地。

5. 公益性公墓、陵园、殡葬设施用地。

**四、由政府组织实施的保障性安居工程建设用地的需要。**

（一）棚户区改建项目用地

1. 城中村改造项目用地及其配套基础设施用地。

（二）保障性安居工程用地

1. 经济适用房用地。

2. 公共租赁住房用地。

3. 廉租住房用地。

五、由政府在土地利用总体规划确定的城镇建设用地范围内为实施城市规划进行成片开发建设的需要。

六、综合保税区用地的需要。

七、法律法规规定的其他公共利益项目用地的需要。

八、本规定自发布之日起试行。执行期间，如出台新的规定，按新规定执行。

# 武进区农村土地制度改革三项试点领导小组

武土改〔2017〕5号

## 关于印发《常州市武进区农村集体经营性建设用地使用权抵押贷款试点暂行办法》的通知

各镇党委、人民政府，开发区党工委、管委会，街道党工委、办事处，区各有关部门：

经区农村土地制度改革三项试点工作领导小组同意，现将《常州市武进区农村集体经营性建设用地使用权抵押贷款试点暂行办法》印发给你们，请认真遵照执行。

常州市武进区农村土地制度改革三项试点工作领导小组

2017年2月21日

# 常州市武进区农村集体经营性建设用地使用权抵押贷款试点暂行办法

## 第一章　总则

**第一条**　为规范推进农村集体经营性建设用地使用权抵押贷款工作，根据《中共中央办公厅国务院办公厅印发〈关于农村土地征收、集体经营性建设用地入市、宅基地制度改革试点工作的意见〉的通知》（中办发〔2014〕71号）、《全国人民代表大会常务委员会关于授权国务院在北京市大兴区等三十三个试点县（市、区）行政区域暂时调整实施有关法律规定的决定》、《国土资源部关于印发〈农村土地征收、集体经营性建设用地入市和宅基地制度改革试点实施细则〉的通知》（国土资发〔2015〕35号）和《中国银监会国土资源部关于印发〈农村集体经营性建设用地使用权抵押贷款管理暂行办法〉的通知》（银监发〔2016〕26号），制定本办法。

**第二条**　按照金融改革与农村土地制度改革紧密衔接的原则，坚持土地公有制性质不改变、耕地红线不突破、粮食生产能力不减弱、农民利益不受损的底线，开展农村集体经营性建设用地使用权抵押贷款工作，落实农村集体经营性建设用地与国有建设用地同等入市、同权同价。

**第三条**　农村集体经营性建设用地使用权抵押贷款，是指以农村集体经营性建设用地使用权作为抵押财产，由银行业金融机构向符合条件的借款人发放的在约定期限内还本付息的贷款。

**第四条**　本办法适用于以常州市武进区范围内的农村集体经营性建设用地使用权为抵押担保方式申请的贷款。

**第五条**　农村集体经营性建设用地使用权抵押贷款应当坚持依法合规、惠农利民、平等自愿、公平诚信、风险可控、商业可持续原则。

## 第二章　抵押登记

**第六条**　农村集体经营性建设用地使用权抵押登记，由区不动产登记交易中心参照国有建设用地使用权抵押登记的有关规定办理。

**第七条**　在符合规划、用途管制、依法取得的前提下，以出让、租赁、作价出资（入股）方式入市的农村集体经营性建设用地使用权可以单独设定抵押权。农村集体经营性建设用地使用权抵押的，地上的建筑物应一并抵押。

**第八条**　具有下列情形之一的集体经营性建设用地使用权不得抵押：

（一）权属不清或存在争议的；

（二）司法机关依法查封的；

（三）被依法纳入拆迁征地范围的；

（四）擅自改变用途的；

（五）其他不得办理抵押的情形。

**第九条**　银行和抵押人签订抵押合同后，双方共同持以下资料向区不动产登记交易中心申请办理抵押登记，抵押权自登记时设立。

（一）抵押登记申请书；

（二）贷款合同和抵押合同；

（三）农村集体经营性建设用地不动产权证；

（四）登记机构规定的其他资料。

**第十条**　对符合抵押登记条件的，区不动产登记交易中心应当及时将抵押合同约定的有关事项在登记簿加以记载，并向银行颁发不动产登记证明。经审核符合登记条件的，登记机关应当于受理登记申请材料后10个工作日内办结登记手续。

**第十一条**　区不动产登记交易中心应当为抵押双方提供信息查询、抵押登记等相关服务，协助做好农村集体经营性建设用地使用权抵押贷款工作。

**第十二条** 农村集体经营性建设用地使用权抵押登记后，无论登记是否到期，需办理登记注销手续的，借款人必须先还清全部贷款本息，抵押权人确认无误后，出具解除登记的书面通知，由原登记机关办理抵押权注销登记手续。

## 第三章 贷款管理

**第十三条** 以农村集体经营性建设用地使用权作抵押申请贷款的，应当满足以下条件：

（一）依法进行不动产登记取得农村集体经营性建设用地权属证书并可办理抵押登记；

（二）用于抵押的农村集体经营性建设用地符合土地利用总体规划及城乡规划；

（三）用于抵押的农村集体经营性建设用地使用权及其地上建筑物、其他附着物未设定影响处置变现和银行业金融机构优先受偿的其他权利；

（四）法律、行政法规规定的其他条件。

**第十四条** 银行受理借款人贷款申请后，应当履行尽职调查职责，并对贷款申请内容和相关情况的真实性、准确性、完整性进行调查核实，形成调查评价意见。

**第十五条** 探索建立农村集体经营性建设用地使用权价值评估制度。银行可采用外部评估、内部评估或协议作价的方式，确定用于抵押的农村集体经营性建设用地使用权的价值。

**第十六条** 农村集体经营性建设用地使用权抵押贷款的利率由银行参考同期同档次基准利率，综合考虑借款人的实际情况合理确定。

## 第四章 风险控制

**第十七条** 参与试点的银行（以下简称试点银行）应当建立农村集体经营性建设用地使用权抵押贷款业务风险评价机制，进行全面、动态的风险评估，有效跟踪检查和监控分析信贷资金使用、借款人信用及担保变化等情况。

**第十八条**　试点银行应当在合同中明确，在抵押权存续期间，如国家依法征收该宗土地，抵押人应当以所得补偿费用优先偿还借款人债务，或另行提供其他足值有效担保。

**第十九条**　贷款到期后，借款人未清偿债务或出现当事人约定的实现抵押权的情形，试点银行可以通过区公共资源交易中心平台，以折价、拍卖、变卖抵押财产等合法途径处置已抵押的农村集体经营性建设用地使用权。所得价款由银行优先受偿。

土地所有权人在同等条件下享有使用权优先购买权。

**第二十条**　试点银行应当建立风险预警制度和重大风险报告制度。发生以下情形时，试点银行应当按规定及时预警、采取相应的风险控制和化解措施，并向人民银行武进支行、区国土管理部门、区不动产登记交易中心等主管部门报告。

（一）国家法律法规、城乡建设规划及土地市场供求等因素发生重大变化，对抵押财产价值稳定性产生不利影响或导致其流转权能受限的；

（二）抵押财产对应的农村集体经营性建设用地被列入土地征收或拆迁范围的；

（三）抵押人未经有权机关批准，擅自改变土地用途的；

（四）抵押财产被司法机关查封的；

（五）发生其他重大风险变化的情形。

**第二十一条**　建立农村集体经营性建设用地使用权抵押贷款风险共担机制。

## 第五章　纠纷处理

**第二十二条**　农村集体经营性建设用地使用权抵押贷款双方发生纠纷的，可向人民法院提起诉讼，通过诉讼方式解决。

**第二十三条**　人民法院受理农村集体经营性建设用地使用权抵押贷款案件时，应及时发函将基本情况告知人民银行武进支行、区国土管理部门、不动产登记交易中心，同时抄送所在镇（街道）、村集体经济组织以及区其他相关部门。

所在镇（街道）、村集体经济组织以及相关部门应支持并协助人民法院对案件进行调解或裁决，由区不动产登记交易中心办理相应的变更登记手续。

## 第六章　附则

**第二十四条**　试点银行应于每月 5 日前（遇节假日顺延）向人民银行武进支行上报上月《农村集体经营性建设用地使用权抵押贷款统计表》，于季后和年后 10 个工作日内向人民银行武进支行分别报送季度和年度试点总结报告。

**第二十五条**　试点银行应根据本办法有关规定制订农村集体经营性建设用地使用权抵押贷款管理制度和实施细则，并报人民银行武进支行备案。

**第二十六条**　对于以农村集体经营性建设用地使用权为他人向试点银行借款提供担保的，可以参照本办法执行。

**第二十七条**　本办法由人民银行武进支行负责解释。

**第二十八条**　本规定自发布之日起执行。执行期间，如出台新的规定，按新规定执行。

# 武进区农村土地制度改革三项试点领导小组

武土改〔2017〕9号

## 关于全面深化农村集体经营性建设用地入市改革的实施意见

各镇党委、人民政府，开发区党工委、管委会，街道党工委、办事处，区各有关部门：

为深化农村土地制度改革的要求，构建完善城乡统一的建设用地市场体系，规范农村集体经营性建设用地入市行为，保障农村集体经济组织和农民的合法权益，根据中央和省、市相关要求，结合武进实际，现就落实国土资源部《关于深化统筹农村土地制度改革三项试点工作的通知》（国土资发〔2017〕150号），全面深化农村集体经营性建设用地入市改革提出如下意见。

### 一、目标任务

按照中央农村土地制度改革关于农村集体经营性建设用地“同权同价、流转顺畅、收益共享”的要求，进一步深化农村集体经营性建设用地入市试点（以下简称“入市试点”）工作，各镇现有存量集体建设用地全部纳入入市试点工作管理范围，依据相关规划明确入市用途，加大城中村、城边村及工业园等可连片开发区域土地整治入市探索力度。各镇应在2018年9月30日前，按照“应入市、尽入市”的原则，对符合城乡规划和土地利用规划的现有存量集体经营性建设用地，结合用地单位的实际情况予以分别处置，入市率不得低于90%（含规范合同类），出让金收入不低于2亿元；不符合相关规划的，应确定调整修改方案履行相关手续后入市。

## 二、工作重点

### （一）调查摸底

2018年1月15日前，各镇应结合城乡规划、土地利用规划情况，利用现有各类土地调查成果，制定全镇农村集体经营性建设用地入市工作方案并报区农村土地制度改革三项试点办公室（以下简称“试点办”）和常州市国土资源局武进分局及常经开分局（区国土资源部门，下同）备案。

### （二）规范实施

1. 农村集体经营性建设用地入市，应符合城乡规划、土地利用规划和土地用途管制要求；除符合国家和省《划拨用地目录》可以划拨的，其他的可以分别以出让、租赁（5年以上）、作价出资入股等有偿使用方式入市。鼓励采用工业用地供应制度改革中的弹性出让、先租后让等方式办理，促进低效用地再开发。

2. 由用地单位正在使用但尚未办理入市手续的各类存量农村集体经营性建设用地，应在原有使用协议的基础上，完善土地使用条件，明确对下补偿结算、租金标准、使用期限、到期处置方式、转让条件、违约责任等内容后，由用地单位与集体经济组织签订入市有偿使用合同。地块所在村组已办理被征地农民保障或一次性补偿安置到位的，鼓励办理出让手续。

各镇应依据城乡基准地价体系，逐步建立弹性租金制度，加强入市有偿使用合同履约管理，促进节约集约用地。

3. 各镇各部门应根据《国土资源部、财政部、住房和城乡建设部、农业部、国家林业局关于进一步加快推进宅基地和集体建设用地使用权确权登记发证工作的通知》（国土资发〔2014〕101号），全面加快农村宅基地和集体建设用地确权登记发证工作，研究制定规范处置宅基地和集体建设用地历史遗留问题及深化改革需要的确权登记颁证政策，做到宅基地和集体建设用地及地上房屋的不动产权证书应发尽发。农村集体经营性建设用地入市后，入市有偿使用合同经区公共资源交易中心（农村产权交易所）备案后，土地使用权人按规定申请不动产登记。

入市后的集体经营性建设用地不动产登记参照国有建设用地不动产登记流程和要求，不再进行十五个工作日的公告。入市后的现状建（构）筑物，符合条件的，在缴纳相关规费后补办不动产登记。

用地单位实际使用面积与批准面积不一致，但界址未超出原土地使用协议范围的，经区国土资源部门、镇政府审核同意后，可以在完善相关手续后申请不动产登记。在改革试点前已取得集体土地使用权证，但未规范为入市有偿使用合同的，不动产登记部门不予办理不动产变更和抵押登记。

4. 2018 年 6 月 30 日前办理入市并缴纳相关规费的，国土资源部门不再予以行政处罚，其他各部门依法从轻、减轻或不予处罚。已使用存量集体建设用地进行非农建设且拒不签订入市使用合同接受规范管理的，由城管等部门依法予以处理。

**（三）市场建设**

按照同权同价同责的原则，依托农村产权交易平台和土地市场网两大平台，建立和完善城乡统一的建设用地市场。集体经营性建设用地入市时，参照国有建设用地供地规范及时公告相关信息。

已规范入市的集体经营性建设用地可以转让、抵押、出租，任何个人或集体不得设立除合同约定以外的其他限制条件。各商业金融机构在办理抵押手续时，应当根据入市有偿使用合同约定，合理确定抵押金额。已使用但尚未完善入市手续、尚未签订入市有偿使用合同的集体经营性建设用地使用权转让时，由转让人或受让人办理入市手续。已完善入市有偿使用合同且满足合同约定转让条件的，由镇政府负责审核受让人经营内容是否符合产业政策等要求。

**三、保障措施**

1. **加强组织领导**。区农村土地制度改革试点工作领导小组全面负责农村集体经营性建设用地入市工作。各镇（街道、开发区）要及时调整健全镇领导小组和工作部门，细化职责分工，加强协调配合，加大工作力度。各相关职能部门按照“放管服”的要求，加快审批，加大指导力度，及时帮助基层和企业解决难题。

2. **营造良好氛围**。积极运用传统媒体和新兴媒体，采取多种形式，全面宣传推进集体经营性建设用地入市工作的重要意义，充分激发集体经济组织和用地企业的积极性、主动性。

3. **强化督查考核**。本次专项工作纳入区对各镇的年度考核，考核办法由区委农工办、财政局、区国土资源部门等单位另行制订。

本实施意见自印发之日起执行。执行期间，如出台新的规定，按新规定执行。

常州市武进区农村土地制度改革
三项试点工作领导小组
2017 年 12 月 21 日

# 武进区农村土地制度改革三项试点领导小组

武土改〔2017〕10 号

## 关于全面深化土地征收制度改革的实施意见

各镇党委、人民政府，开发区党工委、管委会，街道党工委、办事处，区各有关部门：

为进一步深化和规范我区农村土地制度改革集体土地征收制度试点工作，认真贯彻《国土资源部关于统筹农村土地制度改革三项试点工作的通知》（国土资发〔2017〕150 号），围绕建立公开、公平、公正、高效的土地征收程序和管理体制，加快在全区实施“先签协议后征地”的征地程序，依法保障被征地农民的合法权益，现提出如下实施意见。

**一、深入细致开展前期工作**

1. **开展土地现状调查**。项目用地选址确定后，由区政府部署开展征地工作。镇党委、政府要组织召开村（社区）“两委”会，村（社区）要组织召开党员会和村民代表会，讲清征地意义和目的，做好征地前期工作。征地实施单位（各镇、街道，下同）及相关职能部门要及时对拟征用土地现状开展摸底调查，加强对拟征收土地地上附着物的管控。

2. **拟定征地工作方案**。根据我区经济社会发展和城乡规划建设的需要，对拟成片征收或单独选址建设项目用地申请，经发改、国土等部门审查符合征收条件的，由征地实施单位会同区国土资源部门拟定征地工作方案报区政府备案。探索具体用地项目公共利益认定机制，相关办法由区国土资源部门另行制定。

3. **开展稳定风险评估**。根据征地工作方案，由征地实施单位牵头，征求各方面意见，开展社会稳定风险评估，区分风险等级，提出化解风险的具体措施，最大限度防止因征地引发的矛盾冲突。评估报告报区政府作为是否实施土地征收的重要决策依据。

4. **发布征地告知书**。征地工作方案经区政府备案后，由区国土资源部门发布征地告知书，送达被征地村（社区）集体经济组织，并在被征土地所在地村（社区）的公共场所张贴，同时在区政府信息公开网站和区国土资源部门门户网站上公布。征地告知书内容主要包括拟征地的用途、范围、面积、补偿标准、安置方式、征地实施单位及其办公地点和工作时限等。

5. **积极开展民主协商**。本着“公开、公平、公正”的原则，就征地工作方案、征地告知书内容等与被征地集体经济组织进行协商，被征地集体要召开“两委”会和村民代表大会，充分听取被征地农民的意见和建议。被征地村（社区）集体经济组织及被征地户申请听证的，征地实施单位要及时组织听证。征地告知书送达后5个工作日内未提出听证书面申请的，视为放弃听证。

**二、优化规范土地征收程序**

6. **勘测定界和调查确认**。根据区规划部门出具的征地红线图，由国土资源部门委托有资质的单位进行实地勘测（单独选址建设项目，根据项目有关批准文件，可由项目业主委托，制作土地勘测定界成果）。征地实施单位组织村委会及地上附着物、青苗产权人，对被征收土地的权属、地类、面积以及地上附着物、青苗进行调查登记，调查结果由被征地农村集体经济组织和农户签字确认。征地实施单位及相关职能部门要加强对拟征收土地地上附着物的管控，青苗及地上附着物、承包田等登记信息报区国土资源管理部门存档备案。

7. **拟定征地补偿安置方案**。根据土地调查确认情况及被征地村（社区）集体经济组织及被征地相关户的意见情况，由征地实施单位会同区国土资源部门、财政局、人社局、集体资产管理部门（农工办）依据国家和省土地征收补偿安置的有关规定，自调查确认结束之日起15个工作日内制订征地补偿安置方案。征地补偿安置方案主要内容包括征收土地的位置、权属、地类、面积；地上附着物和青苗的种类、权属、数量、征地补偿费的标准、金额、支付对象和支付方式；需要安置的农业人口数、具体安置措施等。

8. **发布征地补偿安置方案**。征地补偿安置方案报经区政府同意后，由区国土资源部门在被征土地所在地的村（社区）的公共场所张贴，同时在区政府信息公开网站和国土资源门户网站上公布，公示期不得少于5个工作日。

9. **签订征收土地协议**。按照“先签协议后征地”的原则，由征地实施单位与被征地的村委会、社区居委会签订土地征收协议；在征地实施单位的统一部署和指导下，村委会（集体经济组织）与被征地地上附着物和青苗权利人签订地上附着物、青苗补偿协议；村委会与家庭承包户签订解除农村土地承包经营协议；相应的不动产权证的预注销事宜由镇集体经济组织统一办理。对已实施补偿安置，经集体经济组织申请，按照我区被征地农民保障制度整村或整组进入被征地农民保障体系的，所涉及的集体土地由镇集体经济组织行使权能。

10. **征地实施单位支付征地补偿安置费用**。按照已签订的征收土地协议，将相应的补偿费用拨付给被征地单位。资金未拨付到位的，不得办理征地手续。

**三、依法依规开展土地征收**

11. **土地征收报批**。区国土资源部门根据前期工作事项组织征收土地报批材料，由区政府审核后报市政府、省政府审批。

12. **发布征收土地公告**。征收土地方案经省政府依法批准后，在收到征地批准文件之日起10个工作日内，区国土资源部门将征地批准机关、批准文号、批准时间和用途及其他属于征地信息主动公开的内容予以公告。

13. **被征地农民保障费用落实及到账审核**。区人社部门根据相关部门提供的材料，按政策规定对被征地农民社会保障费用落实及到账情况进行前期预审及报批。区人社部门审核通过后，区政府对征地补偿和被征地农民社会保障方案进行批准并组织实施。

14. **落实被征地农民多元化保障措施**。征地实施单位、区国土资源部门、财政局、人社局、集体资产管理部门（农工办）、征收办等要在区政府的统一领导下，及时落实被征地农民多元化保障方案。在试点期间，继续参照执行《关于建立被征地农民基本生活保障制度的意见》（武发〔2006〕37号）相关规定。建立土地征收区片综合地价工作机制，区国土资源部门应研究制订土地征收区片综合地价标准，区征收办应研究制订、不断完善农村宅基地及地上房屋征收补偿标准，建立定期动态调整机制并及时发布。

征收集体土地时，可以安排一定比例的留用地、留用物业由农村集体经济组织经营。采用留用地安置的，依据区委区政府《关于发展壮大村级集体经济的意见》（武发〔2012〕225号），原则上按照不少于规划征地总面积的5%留给集体（以镇为单位核算）；采用留用物业安置的，按照不少于住宅建筑面积的3%配套经营性用房（含社区公共服务用房）留给集体。

**四、多措并举实施综合管理**

15. **强化对征地工作的组织领导**。区政府统筹协调征地实施程序的履行和补偿安置方案的落实。相关部门要各司其职，各负其责，共同做好用地报批和土地征收实施工作。镇、村两级要按照区政府的安排，协助做好有关征地组织、政策宣传、群众疏导、纠纷化解等工作，确保征地工作依法有序开展。

16. **建立部门分工协作的工作联动机制**。区国土资源部门负责履行征地实施程序，会同相关部门指导征地工作；区财政部门负责征地补偿安置费的审核、筹集和支付，以及被征地农民由区政府承担的社会保障资金的划拨和征地资金账户的监管工作；区人社部门负责被征地农民就业培训和社会保障政策的组织实施以及部门间联络协调工作，审查被征地农民就业培训和社会保障方案及资金落实情况；区集体资产管理部门（农工办）加强对农村集体经济组织内部征地补偿安置费分配和使用的监督检查；涉及房屋拆迁的，由区征收办落实有关规定。

17. **切实保障被征地农民的知情权和参与权**。区政府征收土地时，要依法保障被征地农村集体经济组织和群众参与土地调查确认、听证和签订征地协议等过程，充分听取被征地群众的意见，确保被征地群众的知情权、参与权、申诉权和监督权。妥善解决群众的合理诉求。要及时足额支付征地补偿费，防止出现拖欠、侵占、截留、挪用等问题，特别是不得从中安排征地工作经费。

18. **建立征地矛盾纠纷排查调处机制**。区国土资源部门应研究制订并不断完善征地矛盾纠纷排查调处机制，畅通利益诉求渠道，及时排查和化解倾向性、苗头性的问题，扎实做好群众的思想工作，防止简单粗暴的工作行为，防止矛盾积累激化。

19. **严肃查处违法违规征地行为**。坚持事前防范、事中监督与事后检查相结合，相关部门加强对征地实施全过程的监督管理。认真监督征地实施程序履行和补偿安置方案落实情况，坚决查处征地中不履行程序、弄虚作假等行为，严肃追究相关责任人的责任；对截留、克扣、侵占、挪用征地补偿安置费的，要依法依规严肃处理。

本实施意见自印发之日起执行。执行期间，如出台新的规定，按新规定执行。

常州市武进区农村土地制度改革
三项试点工作领导小组
2017年12月21日

# 武进区农村土地制度改革三项试点领导小组

武土改〔2018〕1号

## 关于印发《武进区农村集体经营性建设用地开发项目审批管理办法》的通知

各镇党委、人民政府，开发区党工委、管委会，街道党工委、办事处，区各有关部门：

经武进区农村土地制度改革三项试点工作领导小组同意，现将《武进区农村集体经营性建设用地开发项目审批管理办法》印发给你们，请遵照执行。

常州市武进区农村土地制度改革三项试点工作领导小组

2018年7月23日

## 第一章　总则

**第一条**　为积极统筹推进中央农村土地制度改革三项试点工作，规范农村集体经营性建设用地开发项目建设行为，充分显化资产价值，切实维护保障各方合法权益，促进土地资源要素在城乡统一建设用地市场中有序合理流动，有效释放改革红利，根据《中华人民共和国物权法》《中华人民共和国土地管理法》《中华人民共和国城乡规划法》《常州市武进区农村集体经营性建设用地入市管理办法（试行）》（武土改〔2017〕1号）等有关规定，结合我区实际，制定本办法。

**第二条**　凡在各镇、开发区（街道）控制性详细规划覆盖范围之外，符合村土地利用规划、村庄规划且确定为商服、旅游等用途的存量农村集体建设用地，并依法取得土地使用权的建设项目，适用本办法。

**第三条**　农村集体经营性建设用地不得用于商品住宅开发。

## 第二章　相关政策

**第四条**　本办法在试点期间仅在武进区行政辖区范围内实施，项目审批环节可不进入各部门的审批信息系统。

**第五条**　在武进区农村土地制度改革三项试点期内审批的项目，在试点结束后仍未实施完成的，各部门仍按本办法进行项目审批直至完成办理不动产权登记手续。

**第六条**　按本办法实施的项目享受国有经营性建设用地项目同等权利，并承担同等义务。

**第七条**　项目实施过程中涉及的规费参照国有建设用地经营开发标准收取。

## 第三章　项目供地流程

**第八条**　由项目所在地镇人民政府（街道）委托镇集体经济组织开展项目的土地前期开发，使土地具备规定的供地条件。

**第九条**　由区规划部门根据村庄规划，出具地块出让的规划条件。

**第十条** 由区城市资源管理研究中心牵头各部门研究，并出具项目建设意见书。

**第十一条** 符合条件的地块经区经营性土地出让工作领导小组审核批准后，在“常州市武进区农村集体经营性建设用地网上交易平台”挂牌出让，由镇集体经济组织与土地受让方签订土地出让合同，区国土部门和公共资源交易中心共同作为合同鉴证方。

## 第四章 项目审批流程

**第十二条** 区审批局、规划局、国土局、住建局等单位参照国有建设用地经营开发模式，核发各类相关审批意见书和预销售批准文件。上述各类批准文书标注“中央农村土地制度改革三项试点专用（武进区）”字样。

**第十三条** 区行政审批、规划、国土、发改、住建、民防、环保、城管、水利、消防、不动产等各部门均参照国有建设用地经营开发相关要求参与项目的审查、监管及验收。所有技术性要求均应参照国家、省、市相关标准，并充分考虑武进农村土地制度改革三项试点实际，许可性内容均可标注“中央农村土地制度改革三项试点专用（武进区）”字样。

## 第五章 法律责任

**第十四条** 未按照本办法进行农村集体经营性建设用地开发建设的，由镇人民政府（街道）按国家法律规定责令停止建设、限期改正、没收处罚或组织拆除。

## 第六章 附则

**第十五条** 国家对农村集体经营性建设用地开发建设项目出台新的审批管理规定后，按新规定执行，我区不再审批新的项目。对尚未实施完成的项目，按本办法第五条执行。

**第十六条** 本办法由区住建局负责解释。

**第十七条** 本办法自印发之日起实施，有效期至农村土地制度改革三项试点结束。

# 常州市武进区人民政府办公室文件

武政办发〔2016〕73号

## 区政府办公室关于印发常州市武进区农民住房财产权抵押贷款风险共担机制试行办法的通知

各镇人民政府，开发区管委会，街道办事处，区各办局（公司）行，区各直属单位：

经区政府同意，现将《常州市武进区农民住房财产权抵押贷款风险共担机制试行办法》印发给你们，请认真遵照执行。

常州市武进区人民政府办公室

2016年4月21日

# 常州市武进区农民住房财产权抵押贷款风险共担机制试行办法

## 第一章 总则

**第一条** 为促进农民住房财产权抵押贷款试点工作，切实保障抵押双方利益，根据《关于开展农村承包土地的经营权和农民住房财产权抵押贷款试点的指导意见》（国发〔2015〕45号）、《全国人民代表大会常务委员会关于授权国务院在北京市大兴区等232个试点县（市、区）、天津市蓟县等59个试点县（市、区）行政区域分别暂时调整实施有关法律规定的决定》和《中国人民银行 中国银行业监督管理委员会 中国保险监督管理委员会财政部 国土资源部住房和城乡建设部关于印发〈农民住房财产权抵押贷款试点暂行办法〉的通知》等要求，特制定本试行办法。

**第二条** 农村住房财产权抵押贷款风险共担机制指为加大金融服务“三农”的工作力度，降低农民住房财产权抵押风险，由政府、银行、保险公司等多方构建的合作平台和风险共担的机制。

**第三条** 本试行办法适应于本区范围内经登记的农民住房财产权抵押贷款的风险补偿。

## 第二章 基金来源与管理

**第四条** 风险补偿基金的来源：

（一）在农村集体土地承包经营权风险补偿基金的基础上，追加政府财政资金投入，扩充设立“两权”抵押贷款风险补偿基金；

（二）风险补偿资金的银行存款利息，自动滚入风险补偿资金；

（三）其他来源。

**第五条** 风险补偿基金由区财政局负责日常管理，实行专户存储，专项管理。

**第六条**　建立区农民住房财产权抵押贷款风险共担机制联席会议制度，由区委农工办、区金融办、财政局、国土局、不动产登记交易中心、人民银行武进支行、试点办等部门组成，其职责是：会商年度工作计划、负责制订和修改完善风险补偿机制试行办法、审定风险补偿基金的补偿额度、监督风险基金的运作管理等，重大事项需会商后报区政府批准。联席会议下设办公室，办公室设在人民银行武进支行，负责日常事务。

## 第三章　补偿范围

**第七条**　风险补偿资金补偿范围

（一）各镇、街道、村集体经济组织处置回购不能按期偿还贷款本息的农民住房后损失部分的70%；

（二）试点银行在区农村产权流转交易平台将抵押物进行交易后损失部分的70%。

**第八条**　有下列情况之一的农民住房财产权及所占宅基地使用权抵押贷款不予风险补偿：

（一）抵押贷款利率高于贷款基准利率30%以上（不含30%）的（通过商业担保等方式分担风险的，贷款利率与担保费、保险费的总费用超过贷款基准利率30%）；

（二）新型农业经营主体为贷款人，其经营项目在区政策性农业保险开设险种范围内而未参加保险的；

（三）抵押的农民住房没有办理住房财产保险的；

（四）经相关部门审核不适合风险共担的情形。

## 第四章　贷款统计与监测

**第九条**　由人民银行建立农民住房财产权抵押贷款专项统计制度、对抵押贷款的发放、风险进行实时监测。

**第十条**　专项统计数据根据贷款人和试点银行的申请进行统计监测，统计内容包括借贷双方名称、授信额度、贷款利率、贷款期限、负责人、联系方式、是否签订预回购协议等内容。

**第十一条**　贷款期间，如发生风险，试点银行应第一时间向区不动产登记交易中心、人民银行发出预警。

**第十二条** 贷款登记的还款时间到期五个工作日后，其间如无银行预警，则视为按期还本付息的贷款。

**第十三条** 人民银行应确保享受风险补偿“两权”抵押贷款授信额度总额不超过风险补偿基金的20倍。一旦授信额度总额超过20倍，则暂停新数据的录入，仅对贷款按登记时间进行排队，待“两权”抵押贷款授信额度总额低于风险补偿基金的20倍时重新录入。

**第十四条** 当风险补偿基金额度降低时，应同比例降低数据库内授信额度，但已进入数据库的贷款不受影响，排队的“两权”抵押贷款待数据库内授信额度总额低于风险补偿基金的20倍时重新进入。

## 第五章 风险补偿

**第十五条** 试点银行应对贷款实施全程风险管控，一旦发生风险，应及时向相关部门预警，预警期间由银行采取有效措施积极追偿，仍不能收回的，由试点银行在区农村产权流转交易平台进行交易，交易不成的启动回购程序。

**第十六条** 由试点银行通过区农村产权流转交易平台进行交易处置的，在扣除交易等相关费用后的损失部分，试点银行向区农民住房财产权抵押贷款风险共担机制联席会议办公室提出补偿申请。经联席会议审核同意后，在发生风险的三个月内由风险基金按损失部分70%的比例进行补偿。

由抵押农房所在镇、街道、村集体资产管理机构负责回购的，回购价格交易双方协商决定，并由镇、街道、村集体资产管理机构按规定程序处置抵押物，在扣除回购等相关费用后的损失部分，由镇、街道、村集体资产管理机构向区农民住房财产权抵押贷款风险共担机制联席会议办公室提出补偿申请。经联席会议审核同意后，在发生风险的三个月内由风险基金按70%的比例进行补偿。

**第十七条**　如果借款人在逾期一年内还清原抵押住房贷款本息且其抵押住房尚未被处置，镇、街道、村集体资产管理机构应帮助借款人优先获得其抵押资产，但需借款人向回购机构支付因回购所带来的资金成本，其成本＝回购总价×同期贷款基准利率×回购期限。镇、街道、村集体资产管理机构应在收到相关款项后及时偿还之前补偿的风险基金。

**第十八条**　申请的贷款本息损失总额超过风险补偿基金额度时，补偿金额以风险补偿基金为限，同时中止风险共担机制运行。

## 第六章　监督约束

**第十九条**　风险补偿基金实行专款专用，不得擅自改变补偿资金用途。各镇、街道、村集体资产管理机构申请的风险补偿资金，提供的材料必须真实有效，不得弄虚作假。

**第二十条**　联席会议成员单位要建立定期的信息沟通机制。区不动产登记交易中心负责做好农村不动产登记及发放他项权利证书等日常工作；区委农工办负责做好农村土地承包的经营权抵押登记及他项权证等证书管理工作，提供各镇、街道、村集体资产管理机构抵押农民住房回购情况；各试点银行要及时通报贷款投放、风险管理情况；金融办、人民银行要做好试点银行与部门的沟通协调工作；区财政局要定期对风险补偿基金运作进行监督，不断提升资金管理水平。其他部门也要按照各自职责，积极做好服务工作。

## 第七章　附则

**第二十一条**　参加首批试点的银行为农行武进支行、交行武进支行、华夏银行武进支行、江南农村商业银行武进支行、苏州银行常州分行、邮储银行武进支行、江苏银行武进支行、江苏武进建信村镇银行。

**第二十二条**　本办法由中国人民银行武进支行会同联席会议成员单位负责解释。

**第二十三条**　本办法自公布之日起试行。

# 常州市武进区人民政府办公室文件

武政办发〔2016〕74号

## 区政府办公室关于印发常州市武进区农民住房财产权抵押贷款试点暂行办法的通知

各镇人民政府，开发区管委会，街道办事处，区各办局（公司）行，区各直属单位：

经区政府同意，现将《常州市武进区农民住房财产权抵押贷款试点暂行办法》印发给你们，请认真遵照执行。

常州市武进区人民政府办公室

2016年4月21日

# 常州市武进区农民住房财产权抵押贷款试点暂行办法

## 第一章　总则

**第一条**　为加强农民住房财产权抵押贷款管理，加大金融对“三农”的支持力度，维护借贷双方合法权益，依法稳妥规范推进农民住房财产权抵押贷款试点工作，根据《国务院关于农村承包土地的经营权和农民住房财产权抵押贷款试点的指导意见》（国发〔2015〕45号）、《全国人民代表大会常务委员会关于授权国务院在北京市大兴区等232个试点县（市、区）、天津市蓟县等59个试点县（市、区）行政区域分别暂时调整实施有关法律规定的决定》和《中国人民银行　中国银行业监督管理委员会　中国保险监督管理委员会财政部　国土资源部住房和城乡建设部关于印发〈农民住房财产权抵押贷款试点暂行办法〉的通知》等政策规定，特制定本办法。

**第二条**　本办法适用于常州市武进区试点范围内拥有农民住房所有权、具有完全民事行为能力的自然人、小微企业、农业新型经营主体、个体工商户或农村集体经济组织，以农民住房财产权及所占宅基地使用权为抵押担保方式申请的贷款。

**第三条**　经登记的抵押贷款是借款方向试点银行等金融机构申请贷款时，愿意以农民住房财产权及所占宅基地使用权作为抵押物的一种担保贷款。借款人到期不能归还贷款本息时，银行有权依法处置其抵押物，从所得价款中优先受偿。

**第四条**　办理抵押贷款必须遵守国家法律和有关信贷规章、制度，在平等协商基础上签订抵押贷款合同。

## 第二章　农民住房财产权登记和抵押登记

**第五条**　依照本办法设定抵押的房屋，必须经权属登记，取得由登记部门颁发的不动产权证书且建筑面积不得小于75平方米。

**第六条** 办理农民住房财产权及所占宅基地使用权抵押登记时，由房屋权利人（申请人）按照相关部门规定的要求，向区不动产登记交易中心提出书面申请并提交资料，审查同意后办理抵押登记手续。

**第七条** 借款人以农民住房所有权及所占宅基地使用权作抵押申请贷款的，应同时符合以下条件：

（一）具有完全民事行为能力，无不良信用记录；

（二）用于抵押的房屋所有权及宅基地使用权没有权属争议，依法拥有政府相关主管部门颁发的权属证明，未列入征地拆迁范围，未有被依法查封、扣押或受其他被法律规定不得抵押的情形；

（三）除用于抵押的农民住房外，借款人应有其他长期稳定居住场所，并能够提供相关证明材料；

（四）所在的集体经济组织书面同意宅基地使用权随农民住房一并抵押及处置。

**第八条** 以共有农民住房抵押的，抵押人应当事先征得其他共有人的书面同意。以已出租的农民住房抵押的，抵押人应当将租赁情况告知抵押权人，并将抵押情况告知承租人，原租赁合同继续有效。

**第九条** 抵押人对抵押物的权属状况、抵押状况、同意处置抵押物等向贷款银行作出书面承诺。

**第十条** 研究制定农房抵押价值评估办法。设定农民住房抵押时，借贷双方可采取委托具有资质的农房评估机构评估、贷款人自评估或者双方协商等方式，公平、公正、客观地确定房屋所有权及宅基地使用权价值。

**第十一条** 房屋抵押权自抵押登记之日起设立。

**第十二条** 农民住房抵押登记后，无论登记是否到期，需办理登记解除手续的，借款人必须先还清全部贷款本息，抵押权人确认无误后，出具解除登记的书面通知，由原登记部门解除登记手续。

## 第三章　农民住房财产权抵押贷款的申请和审查

**第十三条**　拟办理农民住房财产权抵押贷款的，应事先经本集体经济组织成员代表三分之二（含）以上同意。

**第十四条**　抵押贷款由借款方提出申请，并向试点银行提供以下的资料：

（一）借款人及抵押人的有关个体工商户、企业、自然人资格证明；

（二）抵押物清单、抵押物使用状况、抵押物保单及符合法律规定的有关所有权证明；

（三）抵押人对抵押物的权属状况、抵押状况、同意处置抵押物等作出的承诺；

（四）银行需要审查的其他有关抵押物的资料；

（五）农民住房坐落地集体经济组织提供的，同意宅基地使用权随农民住房一并抵押及处置的承诺书；

（六）抵押人第二住所的证明；

（七）其他需要提供的资料。

**第十五条**　发放抵押贷款，银行可根据借款人资信情况追加有关担保机构进行担保。

## 第四章　农民住房财产权抵押贷款合同的签订和履行

**第十六条**　抵押贷款申请经试点银行审查同意后，签订抵押贷款合同，由抵押权人、抵押人共同到区不动产登记交易中心办理抵押登记手续。抵押贷款合同必须经借贷双方、抵押人及财产共有人签字。

**第十七条**　借款人获得的农民住房财产权抵押贷款，应当优先用于农业生产经营等贷款人认可的合法用途。

**第十八条**　抵押贷款金额和贷款期限、贷款利率。

农民住房的抵押率，根据其在抵押期内的折旧、价格变化及处理费用等情况确定，原则上不超过评估价值的70%。对诚实守信、有农业保险或农民住房保险等增信手段支持的借款人，可适当提高贷款抵押率。

贷款期限应综合考虑借款人的年龄、贷款金额、贷款用途、还款能力和用于抵押的农民住房及宅基地状况等因素合理自主确定。

贷款利率按银行同期、同档贷款利率执行，逾期息、罚息利率按人民银行有关规定执行。在农民住房财产权抵押合同约定的贷款利率之外不得另外或变相增加其他借款费用。

## 第五章　贷款管理

**第十九条**　已办理抵押的农村不动产登记证原件和他项权利证明按抵押贷款权证管理，借贷双方应做好权证交接工作。

**第二十条**　贷款银行应经常检查抵押农村住房状况，对被拆迁、出售、转让、赠与或再抵押状况的，应及时处理。

**第二十一条**　借款人不按合同约定用途使用贷款的，贷款银行可以收回部分或全部贷款，并按合同约定加收违约金。

**第二十二条**　探索建立、完善农民住房财产权抵押贷款风险补偿、集体回购等缓释机制，积极研究利用多种市场化方式处置抵贷资产。

**第二十三条**　各镇（街道）、村集体资产管理机构应积极督促借款人在借贷双方约定期限内归还贷款本息。

**第二十四条**　到期不能按期偿还抵押贷款本息的，由抵押当事人按照双方的合同约定依法处理。抵押权人可以依托区农村产权交易平台依法处置，也可以与抵押农房所在镇（街道）、村集体资产管理机构订立回购协议，回购价格由交易双方协商确定。

## 第六章　纠纷处理

**第二十五条**　如果借款人在逾期一年内还清原抵押住房贷款本息，且其抵押住房尚未被处置，各镇（街道）、村集体资产管理机构应帮助借款人优先获得其抵押资产，但需借款人向各镇（街道）、村集体资产管理机构支付因回购所带来的资金成本，其成本 = 回购总价 × 同期贷款基准利率 × 回购期限。

**第二十六条**　各镇（街道）、村集体资产管理机构应按规定程序处置抵押物，在扣除回购本息等相关费用后的损失部分，有风险补偿基金按一定比例进行补偿。

**第二十七条**　如抵押权人对抵押物处置有异议，可向人民法院提起诉讼，通过诉讼方式解决。

**第二十八条**　人民法院受理农民住房财产权抵押贷款案件时，应及时发函将基本情况告知区不动产登记交易中心，同时抄送所在镇（街道）、村集体经济组织以及区相关部门，区国土、房管部门应支持并协助人民法院对抵押的农民住房进行裁决，由区不动产登记交易中心办理相应的变更登记手续。

**第二十九条**　对已办理抵押登记手续的农民住房，只要符合流转条件的，可以由人民法院直接裁定处置。

**第三十条**　根据调解同意流转或经人民法院裁定以拍卖形式将农民住房变现的，按照有关规定执行。

**第三十一条**　对调解协议书或按照人民法院作出的民事裁定书和协助执行通知书，按“地随房走”的原则，不动产登记交易中心可办理农村不动产证的过户、变更手续。

## 第七章　附则

**第三十二条**　抵押人不能如约归还贷款本息且其农村住房经调解同意流转或被法院拍卖强制执行后，不得再申请宅基地。

**第三十三条**　各试点银行应于每月 5 日前（遇节假日顺延）向人民银行武进支行上报上月《农民住房财产权抵押贷款统计表》，于季后和年后 10 个工作日内（遇节假日顺延）向人民银行武进支行分别报送季度和年度试点总结报告。

**第三十四条**　各试点银行应根据本办法有关规定制定农民住房财产权抵押贷款管理制度及实施细则，并抄报人民银行武进支行。

**第三十五条** 对于以农民住房财产权为他人借款提供担保的，可参照本办法执行。

**第三十六条** 本办法由人民银行武进支行负责解释。

**第三十七条** 本办法自公布之日起试行。

**附件：**1. 村民小组村民代表会议关于农民住房财产权抵押贷款相关事项的决议

2. 同意处置承诺书（农村住房）

3. 同意处置农民住房承诺书（借款人与抵押人为同一人时使用）

4. 同意处置农民住房承诺书（第三人农民住房提供抵押时使用）

5. 农民住房财产权抵押贷款注销通知书

6. 农民住房财产权抵押贷款流程

# 武进区农村宅基地制度改革试点办公室

武宅改办字〔2015〕5号

## 区试点办关于印发《常州市武进区农村宅基地保障对象认定办法（试行）》的通知

各试点镇村：

经区农村宅基地制度改革试点领导小组研究同意，现将《常州市武进区农村宅基地保障对象认定办法（试行）》印发给你们，请认真遵照执行。

常州市武进区农村宅基地制度改革试点办公室

2015年12月28日

# 常州市武进区农村宅基地保障对象认定办法（试行）

**第一条** 为规范农村集体经济组织管理，保障农村集体经济组织及其成员的合法权益，根据《中华人民共和国物权法》《中华人民共和国土地管理法》《中华人民共和国村民委员会组织法》《江苏省农村集体资产管理办法》等有关法律、法规，结合我区的实际情况，制定本办法（试行）。

**第二条** 本办法所称的农村宅基地保障对象是指依法享有农村宅基地使用权的农村居民户。

农村集体经济组织主要包括村经济合作社、股份经济合作社等。

农村集体经济组织成员指在该集体经济组织生产或生活在该组织，与该集体组织发生权利和义务关系的人。

**第三条** 农村集体组织成员资格的认定应遵循“依据法律、尊重历史、实事求是、公平合理”的原则，可以运用农村集体产权制度改革过程中对股东（农村集体经济组织成员）身份界定的基本成果，以户籍关系为主要依据，结合土地承包、福利享受、居住以及义务履行等情况综合考虑。

**第四条** 下列人员可以认定为农村集体组织成员：

（一）户籍在本村组集体经济组织，且长期生产、生活在本村组所在地的农村居民及其所生子女；

（二）因婚姻、收养、血缘等关系，经当地村委会、村民小组同意，办理合法手续并入户本村、组的农村居民；

（三）本村委会、村民小组输送的现役义务兵、初级士官（服役 8 年以内），在校大中专学生（军校生除外）；

（四）户籍在本村组集体经济组织，现服刑的原农村居民；

（五）因国家移民政策，依法迁居到当地的农村居民；

（六）离异后未再婚，且户口仍保留在本村组的妇女。

**第五条**　下列人员不属于农村集体经济组织成员：

（一）户口仍在村委、村民小组原籍的行政机关和全民事业单位编制内的职工及离退休人员；

（二）户口仍在村委、村民小组原籍的县属大集体企业和国营企业职工及离退休人员；

（三）三期士官（服役不少于12年）以上的士兵、在部队已转干的军人；

（四）自然死亡或依法宣告死亡，但未及时办理户口注销的本村组农村居民；

（五）由外地转入的空挂户、挂靠户的人员。

**第六条**　农村居民户的认定以依法取得土地承包经营权的家庭承包户作为界定农村居民户的基础数据，农村居民户中每一个成员应当取得所在村组农村集体经济组织的户籍和农村集体经济组织成员身份。

**第七条**　下列农村居民户可以认定为宅基地保障对象：

（一）世居在本村组，在该组织内生产、生活，与集体经济组织形成权利和义务关系的农村居民户。

（二）因国家移民政策因素，整户迁居并户籍落在本村组，该组织内生产、生活，与集体经济组织形成权利和义务关系的农村居民户；

（三）因非独生子女家庭，子女达到婚龄或者已经结婚成家、需要分开居住而形成的新农村居民户；

（四）因夫妻离婚，一方系非独生子女、未享受过宅基地并且回原居住地生产生活而新形成的农村居民户。

**第八条**　下列农村居民户不属于宅基地保障对象：

（一）已经依法撤村建居的原农村居民户；

（二）整户的户籍迁入到其他县级行政区域的“走空户”；

（三）户籍由外地转入本行政区域的“空挂户”“挂靠户”；

（四）在其他农村集体经济组织已经依法取得农房宅基地的

农村居民户。

**第九条** 本试行办法未规定的其他对象可由各农村集体经济组织在遵守相关法律法规的前提下，由村民会议或村民代表会议讨论，经依法表决同意后予以认定。

**第十条** 成员资格认定名单、宅基地保障对象（农村居民户）由村调查小组初步确认后，应进行初榜公布；对认定人员存在异议的应重新调查审核后再榜公布。成员资格名单、宅基地保障对象须提交村民会议或村民代表会议民主讨论，依法表决同意，报镇（街道）审核后，作终榜公布。

**第十一条** 各镇村要建立农村集体经济组织成员登记备案制度，并纳入区农村宅基地保障对象数据库。

**第十二条** 区农村宅基地保障对象应实行动态管理，按照村民依法自治的原则每年调整一次。对于新增成员资格的认定和原成员资格的丧失，村集体经济组织应按照村民委员会组织法的相关规定，通过村民（代表）会议依法予以认定。

**第十三条** 各镇（街道）可根据本试行办法制订认定方案或实施方案，并报区农村宅基地改革领导小组办公室备案。

**第十四条** 本试行办法由区委农工办（区集体资产管理办公室）负责解释。

**第十五条** 本办法（试行）自发文之日起在武进区确定的农村宅基地制度改革试点镇村试行。

# 武进区农村宅基地制度改革试点办公室

武宅改办字〔2015〕6号

## 区试点办关于印发《常州市武进区农村宅基地审批管理办法（试行）》的通知

各试点镇村：

经区农村宅基地制度改革试点领导小组研究同意，现将《常州市武进区农村宅基地审批管理办法（试行）》印发给你们，请认真遵照执行。

常州市武进区农村宅基地制度改革试点办公室

2015年12月28日

# 常州市武进区农村宅基地审批管理办法（试行）

**第一条** 为规范农村宅基地管理，保障农民合法土地财产权利，合理利用土地，切实保护耕地，结合本区实际，制定本办法。

**第二条** 本办法所称宅基地，是指农民依法取得的用于建造住宅及生活附属设施的集体建设用地。

**第三条** 农村宅基地的所有权属于农村集体经济组织。宅基地使用权人依法对其享有占有和使用的权利，有权依法利用该土地建造住宅及其附属设施。

**第四条** 武进区人民政府负责本区行政区域内农村宅基地监督管理工作。镇人民政府负责本镇行政区域内的农村宅基地审批与日常管理工作。有关部门在各自职责范围内，做好农村宅基地管理的相关工作。

**第五条** 本办法所称保障对象（户）是指按照《常州市武进区宅基地保障对象认定办法（试行）》规定确定的对象。

**第六条** 一户只能拥有一处宅基地，不得超过《江苏省土地管理条例》规定的上限标准，且人均建筑占地面积不超过30平方米。

**第七条** 各镇应建立农村宅基地“户有所居”保障数据库，明确保障对象及保障状况，实行动态管理。

**第八条** 村集体经济组织应制订宅基地年度分配方案，按以下程序办理：

（一）村民小组讨论。由需申请宅基地的农村经济合作组织成员，以户为单位，在年初，向所在村民委员会提出书面申请。

（二）村民代表会议决议。年中，村委会结合上半年村民代表会议，专题讨论决定本年度全体申请人的宅基地申请事项并形成决议。

（三）公示会议决议内容。

**第九条**　有下列情形之一的，不予批准：

（一）出卖、出租、赠与他人住房或者以其他形式转让宅基地的；

（二）原宅基地改变用途的；

（三）其他不符合申请的情形。

**第十条**　拆旧建新的，应严格执行“一户一宅”政策。已有宅基地的农村村民申请新建住宅的，须签订原有宅基地退出协议，并在登记前注销原有权证或退还集体经济组织，在新房建成使用后，退出原有宅基地并交由集体经济组织重新安排使用。

**第十一条**　宅基地建设涉及调整土地的，按照调整协议确定集体土地权利归属并及时变更所有权登记。涉及部分国有建设用地的，由镇人民政府提出调整方案报区人民政府审批，批准后签订调整协议，确定土地权利归属并及时变更所有权登记。

**第十二条**　宅基地应当符合村级规划。村级规划应按照《村民委员会组织法》的规定，经村民会议或村民代表会议决议通过后报上级政府审批。

村级规划编制应充分利用原有的宅基地、村内空闲地和未利用地，并与村庄土地整治相结合。

镇人民政府应当指导村集体经济组织确立保障对象数据库，编制完成村级规划。

**第十三条**　保障对象（户）申请使用宅基地的，按照以下程序办理：

（一）申请。由符合条件的保障对象（户）凭上述分配方案和新建住宅相关图件等有效证明文件向镇人民政府提出申请。

（二）审核。受理后，镇人民政府及时组织建管所、国土所、农经站等联合会审，实现合一审核。

（三）公示。镇人民政府应将审批内容公示。

（四）审批。七日内无异议则审批通过并报区人民政府备案。发放建房许可证，明确建设用地和建设规划许可，实行合一许可。

涉及新增建设用地的，土地整治方案应报区人民政府批准后方可审批。

**第十四条** 镇人民政府应当出台镇级宅基地审批办法，将农村宅基地的登记条件、申请和办理程序向社会公开，并公布举报、投诉电话，接受社会监督。镇人民政府应设立窗口，统一受理集体经济组织上报的村民宅基地使用申请或宅基地分配方案。

**第十五条** 镇人民政府根据批准情况，组织建筑放线和验收工作，建立健全监督机制。镇人民政府应当加强对农村宅基地的巡查，落实土地执法共同责任机制，及时发现、制止和打击违法建设和使用宅基地的行为。

**第十六条** 违反本办法规定，有关部门的工作人员，在宅基地审批管理过程中玩忽职守、滥用职权、徇私舞弊的，或者发现违法行为不予查处的，依法给予行政处分；构成犯罪的，依法追究刑事责任。

本办法（试行）自发文之日起在武进区确定的农村宅基地制度改革试点镇村试行。

# 武进区农村宅基地制度改革试点办公室

武宅改办字〔2015〕8号

## 区试点办关于印发《常州市武进区农村集体建设用地指标交易细则（试行）》的通知

各试点镇村：

经区农村宅基地制度改革试点领导小组研究同意，现将《常州市武进区农村集体建设用地指标交易细则（试行）》印发给你们，请认真遵照执行。

常州市武进区农村宅基地制度改革试点办公室

2015年12月28日

# 常州市武进区农村集体建设用地指标交易细则（试行）

## 第一章　总则

**第一条**　为加快我区农村集体建设用地指标交易工作，规范农村集体建设用地指标交易行为，保护农村集体经济组织及其成员的合法权益，依据《中华人民共和国物权法》《江苏省农村集体资产管理办法》等法律、法规及《关于印发江苏省常州市武进区农村宅基地制度改革试点实施方案的通知》（武发〔2015〕128号）、《常州市武进区农村产权交易管理办法（试行）》（武政发〔2014〕131号）、《常州市武进区农村产权交易规则（试行）》（武政办发〔2014〕135号）的规定，制定本交易细则。

**第二条**　在武进区农村产权交易机构进行的农村集体建设用地指标交易活动，适用本细则。

法律、法规和规章另有规定的，从其规定。

**第三条**　本细则所称的农村集体建设用地指标（以下称结余指标），是指在农村集体建设用地使用权人自愿有偿的基础上，农村集体经济组织通过农村土地综合整治，将建设用地复垦为农用地或耕地，除安置外节余的用地指标，包括规划指标、农用地转用指标、耕地占补平衡指标。

**第四条**　结余指标交易应当遵循依法、民主、有偿和公开、公平、公正的原则，不得侵犯他人的合法权益和损害社会公共利益。

**第五条**　结余指标交易需遵循有关法律规章规定，履行民主议事决策程序，签订规范的书面交易合同，接受区镇农村集体“三资”管理部门的指导和监督。

## 第二章　交易条件

**第六条**　结余指标交易必须符合以下条件：

（一）申请结余指标交易的应当权属清晰，证明材料齐全有效。涉及抵（质）押的，应当经抵（质）押权人同意转让后才能申请交易。

（二）申请交易的农村集体经济组织，应当按照本集体经济组织民主议事规则，召开村民（股东）代表会议三分之二以上同意，并报上级农村集体“三资”管理部门审查备案。

## 第三章 交易程序和方式

**第七条** 结余指标交易按“申请交易—审查受理—信息发布—受理报名—组织交易—成交确认—组织签约—交易鉴证—成交公告—登记备案”的一般程序进行。

**第八条** 结余指标交易的转让方和受让方，应当提交内容真实、合法有效的相关文件资料。

**第九条** 结余指标交易的转让方，应当提交以下材料：

（一）农村产权交易转让申请表、信息发布申请书。

（二）转让方的声明与承诺。

（三）主体资格证明材料。

如为集体（村委会、社区），需提供机构代码证、负责人身份证。

（四）结余指标通知书。

（五）内部决策文件、同意转让的相关批文。

村民大会（村民代表大会）决议、股东大会（股东代表）决议、主管部门的批文等。

（六）结余指标的基本情况的材料（如标的基本情况介绍，有无担保、查封、抵押、诉讼等权属限制的说明）。

（七）委托经纪人或中介机构办理交易手续的，需提交委托书及受托方主体资格证明、法定代表人或负责人身份证复印件。

（八）采取联合转让的，应提交联合转让各方签订的联合转让协议，并提交推举一方代表联合体办理转让相关事宜的推举书。

（九）其他需要提交的材料。

以上材料均须提交复印件（验原件）。

**第十条** 区农村产权交易所依据转让方提交的资料制作挂牌信息，分别在区农村产权交易门户网站、武进区网上村委会等媒体和所在地村务公开栏进行公告。

**第十一条** 结余指标交易转出信息应当包括下列内容：

（一）结余指标的基本情况、交易设定条件及相关需发布的信息（产权主体、指标面积、经营用途及使用期限、交易底价、付款方式及交易保证金等）；

（二）结余指标权利人的基本情况；

（三）受让方应当具备的基本条件；

（四）法律法规规定的其他事项。

**第十二条** 挂牌期间，农村产权交易机构接受意向受让方的咨询洽谈。

意向受让方包括镇政府（街道、开发区）或农村集体经济组织、土地收储中心、区经济发展集团总公司、区城投公司、区新农公司、单独选址项目建设单位。

**第十三条** 凡对转出标的物有受让意向者，应在挂牌期间按规定向农村产权交易机构递交下列相关材料。

（一）《农村产权交易受让申请书》。

（二）意向受让方的声明与承诺。

（三）主体资格证明材料。

如为集体经济组织，提供机构代码证、负责人身份证复印件；如为公司，提供工商营业执照副本、组织机构代码证、法定代表人身份证、公司章程等有效证件的复印件。

（四）意向受让方的资信证明。

（五）符合转让方提出的受让资格条件的证明材料。

（六）同意受让农村产权的证明。

如为集体（村委会）应按规定形成同意受让决议；如为公

司按章程规定的议事规则，提供董事会或股东大会决议；如需上级部门批准的，还应提供相应同意受让批复。

（七）委托代理的，需提交授权委托书及受托人身份证。

（八）采取联合受让的，应提交联合受让各方签订的联合受让协议，并提交推举一方代表联合体办理受让相关事宜的推举书，以及相关文件材料。

（九）其他需要提交的材料。

以上材料均须提交复印件（验原件）。

**第十四条**　农村产权交易机构对意向受让方的受让申请进行登记，对意向受让方进行资格审查，审查通过的，出具受让方受让通知书，积极引导各方进行洽谈交易。

**第十五条**　农村产权交易可以采用协商、竞价、拍卖、招标、挂牌等方式，也可以采取法律、法规、规章规定的其他方式。

如只产生一个符合条件的意向受让方，可以采取公开协商交易的方式；产生两个及以上符合条件的意向受让方，应采取拍卖、招标、竞价等交易方式确定受让方。

采取拍卖方式交易的，应当按照《中华人民共和国拍卖法》及有关规定组织实施。

采取其他方式交易的，应当按照国家有关规定组织实施。

**第十六条**　确定受让方后，应签订成交确认书。在规定的期限内，交易双方在平等、协商、自愿的基础上签订结余指标交易合同，并由农村产权交易机构审核并在鉴证机构方盖章，出具《产权交易鉴证书》。

**第十七条**　涉及权属变更的，交易双方应凭《产权交易鉴证书》及相关证明材料到原发证机关办理产权变更、登记手续。

## 第四章　行为规范

**第十八条**　结余指标交易原则上每季度进行一次，未竞购成功的土地指标结转到下一次进行交易。

**第十九条** 竞购取得的结余指标应按规定使用。在规定时间内未使用完毕的，未使用部分由区国土行政部门按政府回购价收回。

**第二十条** 结余指标交易当事人提交错误、虚假的材料进行交易，给他人造成损害的，应当承担相应的法律责任和经济赔偿责任。

**第二十一条** 交易过程中发生争议时，当事人可以向常州市国土资源局武进分局、区委农工办、区公共资源交易管理委员会办公室申请调解。

## 第五章 附则

**第二十二条** 本细则（试行）由常州市国土资源局武进分局、区委农工办（区农村集体资产管理办公室）负责解释。

**第二十三条** 本细则（试行）自发文之日起在武进区确定的农村宅基地制度改革试点镇村试行。

# 武进区农村宅基地制度改革试点办公室

武宅改办字〔2015〕9号

## 区试点办关于印发《常州市武进区农村宅基地有偿使用、有偿退出指导意见（试行）》的通知

各试点镇村：

经区农村宅基地制度改革试点领导小组研究同意，现将《常州市武进区农村宅基地有偿使用、有偿退出指导意见（试行）》印发给你们，请认真遵照执行。

常州市武进区农村宅基地制度改革试点办公室

2015年12月28日

# 常州市武进区农村宅基地有偿使用、有偿退出指导意见（试行）

为进一步规范我区农村宅基地管理，保障农村集体经济组织成员利益，结合我区实际，现就试点村宅基地有偿使用、有偿退出提出如下指导意见：

**一、有偿使用**

推行农村宅基地有偿使用，是在确保公平取得的基础上，促进农村集体土地节约集约和规范集体资产使用的主要手段，同时也是促进集体资产保值增值的主要方式。

（一）有下列情形之一的应列入有偿使用范围：

1. 本集体经济组织成员因历史原因形成超标准占用宅基地的，以建筑占地面积扣除可享受面积后列入有偿使用范围；

2. 非本集体经济组织成员通过继承房屋和使用宅基地的，按建筑占地面积列入有偿使用范围；

3. 非本集体经济组织成员以其他方式占有和使用宅基地的，按建筑占地面积列入有偿使用范围。

（二）有偿使用的标准

城区及镇规划建成区外，按下列标准施行，县城及镇规划建成区内的在下列标准基础上上浮不得低于30%。

1. 本集体经济组织成员超面积使用宅基地的，不超过法定面积标准上限的按每年10元/平方米，超出法定面积标准上限的按每年20元/平方米；

2. 非本集体经济组织成员通过继承在农村占有和使用宅基地的按每年20元/平方米收费；

3. 非本集体经济组织成员以其他方式占有和使用宅基地的，按照集体经营性建设用地管理。

有偿使用的标准实行动态调整，由区级国土部门及时更新公布。

（三）其他情形及规定

1. 因规划原因，新分配宅基地面积超过人均标准30平方米，超出面积可参照本意见有偿使用标准中第一类执行；

2. 同时有多个成员对区位优、配套设施全的同一宗宅基地提出申请的，可采取因素法优选分配，其中以竞价方式形成的价款纳入有偿使用费管理；

3. 对历史上以配套设施等名义一次性收取超面积费用的，可酌情减免收取。

（四）收费主体和方式

宅基地有偿使用费的收费主体为村集体经济组织或镇集体经济组织，除镇统一建设的集中居住区外，其余由村集体经济组织与宅基地使用权人签订宅基地有偿使用协议，按年度或一次性收缴。

**二、有偿退出**

为进一步推行土地节约集约利用，实行宅基地自愿有偿退出制度。根据退出后盘活利用的方式，分为三种方式：

（一）以城乡挂钩的方式进行土地整治。集体经济组织应对退出的宅基地的权利人进行合理补偿。退出的宅基地除按照规划预留一定数量用于再分配，其余按照规划通过土地综合整治等，以市场调剂方式在全区范围内统筹使用，区政府建立保底回购机制，回购价每年公布一次。土地整治收益归集体经济组织所有。复垦形成的新增耕地由农村集体经济组织统一组织利用。

（二）就地合理利用。可重新安排给符合条件的申请人使用，也可进行除商品房外的二三产业开发。重新安排给符合条件的申请人使用的，由申请人与原权利人协商决定。进行二三产业开发的，具体补偿方式与价格由集体经济组织与退出的宅基地的权利人协商决定。

（三）已分配安置房回购。有条件的镇政府可以根据需求对已建安置房实行回购，增加安置房房源。回购价格应考虑到建房成本与货币补贴政策，价格可按年公布。

**三、资金管理及使用**

（一）实行有偿使用制度的村宅基地总规模在标准（人均建设用地120平方米）内的，收取部分全部留在村集体经济组织；超过标准的，则按超出面积与标准的比例进行统筹，统筹资金归镇集体经济组织，用于补充失地农民保障资金与涉农补助。

（二）集体经济组织在有偿退出中取得的收益归集体所有。涉及二三产业开发的纳入土地年租金管理。

（三）有偿使用费由各村集体经济组织统一管理，用于年终分配和公共支出，村监会负责监督。

**四、方案审批及监管**

集体经济组织根据本村实际情况，因地制宜，编制有偿使用方案、有偿退出方案，按照《村民委员会组织法》的规定，经过村民会议或村民代表会议确定，报镇人民政府备案后执行。

各镇（街道）加强对该款项的日常管理，区纪检监察、农工办、审计等部门要加强对该款项使用的监督检查，凡经查实挪用该款项或不符合相关规定的，依法追究相关责任人的责任。

本意见（试行）自发文之日起在武进区确定的农村宅基地制度改革试点镇村试行。

# 武进区农村宅基地制度改革试点办公室

武宅改办字〔2015〕11号

## 区试点办关于印发《常州市武进区宅基地、农房统一登记操作办法（试行）》的通知

各试点镇村：

经区农村宅基地制度改革试点领导小组研究同意，现将《常州市武进区宅基地、农房统一登记操作办法（试行）》印发给你们，请认真遵照执行。

常州市武进区农村宅基地制度改革试点办公室

2015年12月28日

# 武进区宅基地、农房统一登记操作办法（试行）

为有序推进我区农村宅基地制度改革试点工作，保障宅基地、农房统一登记工作顺利开展，快速实现农民住房资产化，融资便利化试点目标，根据国家、省、市建立和实施不动产统一登记制度的相关要求，特制订本操作办法。

**一、适用范围**

本操作办法适用于武进区农村（城镇规划区以外）宅基地使用权和房屋所有权的不动产统一登记。

**二、登记的基本原则**

本着“尊重历史，面对现实，村民自治，依法确权”的精神，按照以下基本原则进行登记：

1. 一户一宅

父母的宅基地面积与其子女一并计算，不得单独立户，除因继承房屋取得的宅基地外，一户只能登记一处宅基地及地上房屋。若由于历史原因形成一户多宅但总面积不超标准的，视为一宅管理。

2. 权利人身份合法

权利人为保障对象户，以户为单位进行申请，产权为户内成员共有，可委托户主行使处分的权利。户内成员可通过“户有所居”保障成员库确定。未完成建库工作的村组，必须填写《常州市武进区宅基地保障对象成员审定表》（附件一）。

3. 登记面积合规

按照各集体经济组织规定，对历史原因形成超占宅基地的，实行有偿使用后登记。其中，超过 140 平方米的或者非本集体组织使用的，必须实行有偿使用。

**三、登记流程**

1. 申请

申请人提交下列申请材料，并对申请材料的真实性负责：

（1）不动产登记申请表；

（2）申请人身份证明和户口簿（身份证明包括居民身份证、军官证等合法有效证件）；

（3）委托他人代理申请的，还应提供授权委托书及委托代理人身份证；

（4）土地、房屋权属来源证明材料（原集体土地建设用地使用证或农村宅基地使用证、房屋所有权证、村镇工程建设许可证、民房用地审批表、建房许可证等）；

（5）权利人身份证明；

（6）其他有关证明材料。

原权利证书遗失或损毁等不能交回的，须凭查档证明由不动产登记机构在其门户网站上刊发不动产权利人的遗失、灭失声明15个工作日后，予以补发。

提交的申请材料要求齐全，复印清楚，纸张大小符合要求等。申请人提交的资料为复印件且须核对原件的，申请人应同时提供原件，由受理人员核对一致后在复印件上加盖“与原件核对一致”专用章并签署姓名和日期。

2. 受理

受理人员收到不动产登记申请材料，按照要求对申请材料进行审核，必要时进行询问并做好笔录。

有下列情形之一的，不动产登记申请不予受理，并由受理人员当场向申请人出具《不动产登记不予受理告知书》：

（1）一户多宅，有证不愿交回或未实行有偿使用的；

（2）父母与子女都有证，应纠正而不愿纠正的；

（3）占地面积超过140平方米且未实行有偿使用的；

（4）非本集体经济组织成员使用宅基地且未实行有偿使用的。

（5）土地及房屋审批（权属）依据不全的。

3. 审核

按不动产登记的法律法规及各项政策规定，对不动产登记申请、权源材料逐宗进行审核。

宅基地使用权及房屋所有权的首次登记，需在登记事项记载于登记簿前在不动产登记机构门户网站以及不动产所在地等指定场所进行公告，公告期不少于15个工作日。

4. 发证

**四、相关问题的处理方法**

1. 土地证、房产证（以下简称两证）齐全且有效的，经重新测绘后换发不动产证。

2. 两证齐全需更正登记的，按下列情况处理：

（1）原产权登记权利人与申请人姓名不一致的，由村委会出具证明后更正登记。

（2）实测面积与原登记面积不一致，但土地界址及房屋结构未发生变化的，由村组出具证明（附件二），经不动产分中心实地查看情况属实后，按实测面积换发证。

3. 原有住房有改、扩（翻）建的处理：

（1）原址翻建且未超出原宅基地批准范围的，由不动产分中心测绘部门重新出具测绘报告，凭村镇建设工程规划许可证申请登记。

（2）超出原宅基地批准范围的，依照各镇（开发区）试行的民房审批办法按规定予以补办审批。

4. 户内不动产权户主变动的，填写《常州市武进区宅基地保障对象成员审定表》后由申请人申请变更登记。

5. 因房屋买卖或赠与等情况发生不动产权转移行为的，权利人应凭《常州市武进区宅基地使用权受让审核表》（附件三），按规定填写《农房转让合同》，缴纳税款后由申请人申请转移登记。

6. 属征地拆迁异地重建，提供拆迁安置协议和三级证明材料（附件四）的，同时由镇村两级在宗地图与房屋测绘报告上盖章确认，可以单独申请也可统一申请。

# 武进区农村土地制度改革三项试点办公室

武土改办〔2017〕1号

## 关于印发《常州市武进区农村集体经营性建设用地使用权网上交易规则（试行）》的通知

各镇党委、人民政府，开发区党工委、管委会，街道党工委、办事处，区各有关部门：

经区农村土地制度改革三项试点工作领导小组同意，现将《常州市武进区农村集体经营性建设用地使用权网上交易规则（试行）》印发给你们，请认真遵照执行。

常州市武进区农村土地制度改革三项试点办公室

2017年2月21日

# 常州市武进区农村集体经营性建设用地使用权网上交易规则（试行）

## 第一章 总 则

**第一条** 为规范农村集体经营性建设用地使用权网上交易行为，提高交易效率，促进交易公平，根据《江苏省常州市武进区统筹协调推进农村土地制度改革试点实施方案》《常州市武进区农村集体经营性建设用地入市管理办法（试行）》等相关规定，参照《江苏省国有建设用地使用权网上交易规则》，结合常州市武进区实际，制定本规则。

**第二条** 常州市武进区农村集体经营性建设用地使用权网上交易（以下简称“网上交易”）是指在江苏省集体经营性建设用地使用权网上交易系统（以下简称“网上交易系统”）注册的竞买人，通过互联网参加常州市武进区公共资源交易中心组织的农村集体经营性建设用地使用权挂牌或者拍卖出让的行为。

**第三条** 常州市武进区农村集体经营性建设用地使用权网上交易，适用本规则。

**第四条** 中华人民共和国境内外的法人、自然人和其他组织，除法律法规以及出让公告另有规定外，均可参加网上交易。

**第五条** 网上交易应当遵循公开、公平、公正和诚实守信、安全高效的原则。

**第六条** 常州市武进区国土部门负责规范网上交易行为并加强网上交易安全的监督和管理。

## 第二章 一般规定

**第七条** 网上交易主要包括以下流程：

（一）竞买人在网上交易系统中注册；

（二）竞买人提交竞买申请，缴纳竞买保证金；

（三）竞买人网上竞买报价；

（四）交易双方确认成交。

**第八条**　实行网上交易的，出让公告中应当予以明确。竞买人应当按照出让公告规定的方式获取出让文件。

**第九条**　竞买人向CA认证机构申请身份认证，办理CA证书。

竞买人凭CA证书在网上交易系统中注册。

**第十条**　网上交易期限以出让公告发布的交易起止时间为准。

**第十一条**　网上交易系统的软硬件运行环境实行封闭式管理。交易期内网上交易系统实行不间断运行。网上交易操作指令以网上交易系统数据库服务器操作系统的时间为准。

**第十二条**　出让宗地设定出让底价的，网上交易期截止前30分钟内，常州市武进区国土部门将出让底价录入网上交易系统。

**第十三条**　常州市武进区国土部门与关联金融机构、CA认证机构签订保密协议。从事网上交易的操作和管理人员，应当严格遵守保密规定，不得泄露应当保密的交易信息。

## 第三章　竞买申请

**第十四条**　竞买人应当详细阅读出让公告、出让须知等出让文件的相关信息，对其中的内容有疑问的，可以向常州市武进区国土部门咨询。

竞买人自行现场踏勘网上交易宗地的现状。

**第十五条**　网上交易只接受网上竞买申请，不接受其他形式的申请。

竞买申请一经提交，即视为对出让公告、出让须知等出让文件的相关信息无异议并全部接受。经审查不符合出让公告、出让须知等出让文件要求的竞买人，竞买资格无效，竞买保证金不予退还。

**第十六条**　竞买人可以单独竞买，也可以联合竞买。联合竞买各方应当分别申请CA证书，在网上交易系统分别注册。

联合竞买各方在网上交易系统中确定各自出资比例和竞买代表人。竞买代表人代表联合竞买各方参加网上交易，其网上交易行为视为联合竞买各方共同意愿的真实表示。

**第十七条** 竞买申请成功提交后，网上交易系统自动赋予竞买人缴纳保证金的金融机构账号。竞买人按时足额缴纳保证金后，方可参加网上交易竞价。

## 第四章 竞买报价

**第十八条** 网上交易竞买报价一般规则如下：

（一）首次报价不得低于起始价，其中工矿仓储用地首次报价可以报起始价，商服、旅游等其他用途用地首次报价报起始价增加一个（或一个以上整数倍）加价幅度后的价格；

（二）采用增价方式报价；

（三）每次报价应当在当前最高报价基础上递增1个或1个以上整数倍的加价幅度；

（四）允许多次报价；

（五）符合交易报价规则并被网上交易系统确认的交易报价为当前有效交易报价，网上交易系统即时更新为当前最新交易报价；

（六）报价一经确认后，不得变更或者撤销。

**第十九条** 网上交易以拍卖方式进行的，拍卖开始即进入限时竞价。

网上拍卖限时竞价的起始价为出让公告发布的拍卖起始价。

**第二十条** 网上交易以挂牌方式进行的，挂牌截止时间前1小时停止更新挂牌价格，停止更新挂牌价格期间，仍有其他竞买人要求报价的，转入限时竞价。

网上挂牌限时竞价的起始价为停止更新挂牌价格时的最高报价。

**第二十一条** 经网上交易系统询问，参加网上挂牌限时竞价的竞买人应当在挂牌截止前1小时内表达参加网上限时竞价的意愿，并根据网上交易系统中的提示予以确认；未确认的，不能参加网上限时竞价。

**第二十二条**　竞买人根据网上交易系统提示进入限时竞价阶段，网上拍卖或挂牌限时竞价除遵守本规则第十八条规定外，还应当遵守以下规则：

（一）限时竞价两次报价间隔不超过4分钟；

（二）交易系统每接受一轮报价后即进入下一轮报价；

（三）最后报价4分钟内，无继续报价的，限时竞价结束。

## 第五章　成交确认

**第二十三条**　网上交易系统按照下列规则确认成交：

（一）截止挂牌期满，仅有一个竞买人参与竞买，以其最终有效报价确认成交；

（二）截止挂牌期满，有两个或两个以上竞买人参与竞买，在停止更新挂牌价格期间，无其他竞买人要求报价的，出价最高者为竞得人；

（三）网上挂牌限时竞价结束时，无其他竞买人竞价的，以停止更新挂牌价格时的最终有效报价确认成交；

（四）网上限时竞价结束时，出价最高者为竞得人。

出让宗地设定出让底价的，成交价格不得低于出让底价。

**第二十四条**　网上交易成交后，网上交易系统自行向竞得人生成成交通知书。

常州市武进区国土部门召集竞得人、出让人签订成交确认书。

**第二十五条**　成交确认书签订后，常州市武进区国土部门按照相关规定及时将网上交易结果通过江苏省集体经营性建设用地使用权网上交易系统以及土地有形市场等指定场所向社会公示。

**第二十六条**　经审查符合竞买条件竞得人已缴纳的竞买保

证金抵作受让宗地的定金及出让金。江苏省国土资源动态监测中心应当在网上交易结束后5个工作日内转入至常州市武进区财政局指定账号。经审查符合竞买条件的其他竞买人已缴纳的竞买保证金，江苏省国土资源动态监测中心应当在网上交易结束后5个工作日内退还，不计利息。不符合竞买条件的其他竞买人竞买保证金不予退还。

## 第六章　应急处置

**第二十七条**　因受到网络病毒、黑客入侵，或者电力传输中断、网络通讯异常、软硬件故障及不可抗力等原因，导致网上交易系统不能正常运行的，网上挂牌、拍卖出让活动中止，常州市武进区国土部门按照原途径及时发布公告。

**第二十八条**　出现本规则第二十七条相关情形的，常州市武进区国土部门按照网上交易系统安全应急处置方案及时采取措施恢复网上交易系统运行。

**第二十九条**　本规则第二十七条相关情形排除后，常州市武进区国土部门在恢复交易前24小时内按原途径发布恢复交易公告，并公布相关监管部门查证的系统故障原因。

**第三十条**　因竞买人的计算机系统遭受网络病毒、黑客入侵，或者电力传输中断、网络通讯异常、软硬件故障等原因，竞买人不能正常参与网上交易的，网上交易不因此停止。

## 第七章　法律责任

**第三十一条**　因本规则第二十七条相关情形导致网上交易系统不能正常运行的，常州市武进区国土部门不承担责任。

**第三十二条**　因竞买人的计算机系统遭受网络病毒、黑客入侵，或者电力传输中断、网络通讯异常、软硬件故障等原因导致竞买人不能正常参与网上交易的，或者竞买人的CA证书丢失或被他人冒用、盗用的，常州市武进区国土部门不承担责任。

**第三十三条**　竞得人不符合出让公告、出让须知等出让文件约定条件参与竞买的，竞得结果无效，保证金不予返还，造成的损失由其依法承担赔偿责任。

**第三十四条**　参与网上交易的相关工作人员，违反保密规定，泄露信息，玩忽职守、滥用职权、徇私舞弊的，应当承担法律责任。

## 第八章　附则

**第三十五条**　本规则未尽事宜按照相关法律、法规、规章等规定执行。

**第三十六条**　本规则由常州市武进区国土部门负责解释。

**第三十七条**　本规则自印发之日起施行。

# 附件二　武进农村土地制度改革的媒体报道（部分）

1.《财经国家周刊》2016年第3期文章：《武进“两权”改革样本》

# 农村“两权”改革

随着工业化和城镇化的快速发展、农村经济水平的提高，农村部分宅基地及农房利用粗放，退出不畅问题日益凸显，宅基地的资产价值与农民行使住房财产的权利难以体现。

开展集体所有耕地使用权和宅基地使用权“两权”改革试点，将落实农村土地的用益物权，盘活农村资源和资产，为稳步推进农村土地制度改革提供经验。

虽经全国人大常委会授权，试点可以暂时避开法律障碍，但在无先例可循的情况下，试点地区如何在保障农户基本住房权利和激发金融机构放款积极性的同时，化解相关风险？如何建立有针对性的农业农村投资保护和支持政策，并与农村土地制度改革相衔接和协调？从试点到修法，还要走很长的路。

# 武进“两权”改革样本

建立一整套适应“两权”改革的政策框架，是试点地区承担的使命。

文 /《财经国家周刊》记者 兰亚红 胡雯

2015年12月底，家住江苏省常州市武进区嘉泽镇的吕伟斌，用农房（宅基地）不动产权作抵押，拿到了江南农村商业银行发放的第一笔全国农房抵押贷款，金额50万元。

“这笔钱想用来扩大家里的高杆月季生产基地。”他告诉《财经国家周刊》记者。

全国人大常委会2015年年底的决定解除了全国部分试点地区长期锁住“两权”（农村承包土地经营权和农民住房财产权）抵押的法律红线。今后，会有千千万万个吕伟斌能盘活手中的土地和房产权利。

根据第十二届全国人大常务委员会第十八次会议的决定，北京大兴区等232个试点县（市、区），可暂时调整实施物权法和担保法关于集体所有的耕地使用权不得抵押的规定。天津蓟县等59个县（市、区），可暂时调整实施物权法和担保法关于宅基地使用权不得抵押的规定。

“这场改革是自上而下的命题作文，但是地方做起来都觉得很难。”武进区副区长崔娟告诉《财经国家周刊》记者，武进区同时进行全国宅基地制度改革和“两权”抵押贷款改革试点，目前已经完成了改革班子的组建、改革路径的设计和试点镇村的选定等多项工作。

武进区国土局主任周小宇表示，房子是亿万农民的命根子，“两权”改革涉及面极广，面临的问题极为复杂。

## 苗圃生意

吕伟斌从2008年开始做大树苗木生意，后来房地产行情不好，苗木交易量也随之下滑。两年多前他便开始思量转型，到全国各地跑了一遍，发现高杆月季做的人少，应用也比较广泛，于是建设了一个高杆月季的苗圃。苗圃所在地原先是个臭水沟，他自己投入十多万元复垦，政府也补贴了四万多。

前期经营不算顺利，由于技术问题，引进的三千棵花苗死了一千多棵，后来才慢慢摸索到门路。他打算在2016年扩大生产，嫁接一批新的月季苗，同时还承接了少量的园林景观工程，需要大量资金投入。

“想着用农房抵押贷款更方便一点。于是和父母商量一下，走了流程，很快这笔钱就拿到了。”他说，钱放下来就汇给了进货商，第二天月季杆就发货了。

吕伟斌的运气不错。他所在的武进区是由农业部等13个部委确定的全国第二批农村改革试验区，并在2015年被确认为暂停物权法与担保法相关规定的宅基地制度改革试点区之一，这是他能够顺利获得抵押贷款的重要原因。

“一年期的贷款，总共50万元，月息千分之5.99。”吕伟斌说，以前申请的经营权贷款不仅利率高（每年多出1.5万元），也贷不了这么多钱，还要找人担保。

他抵押的农房评估价格是一百万元出头，银行摸底了苗圃的经营情况（1万多株，评估价值300万元），最后决定可发放贷款50万元。他要用这笔钱多采购一些月季杆，争取一年后做到3万株的规模。此外，他还想引进一些高杆的桂花、腊梅和紫荆等等。

“还款压力肯定有啊，把自己的老祖屋都抵押了，不过还是有信心。”吕伟斌说，新一代的农民和靠天吃饭的老一辈相比，在思想认识、学习能力和眼光视野等方面都已经完全不同。

吕伟斌的苗圃基地所在的嘉泽镇，是武进选定的农村宅基地改革试点镇之一，也是闻名全国的

江苏省常州市武进区嘉泽镇花都产业园区的光伏太阳能大棚。

"花木之乡"。

武进区农业基础雄厚，拥有高效设施农业面积11万亩，新型农业经济主体经营面积达到32.7万亩。随着农业规模化、产业化和市场化程度的不断提高，现代农业发展需要更多的资金支持。

但长期以来，农业企业融资渠道单一，自身筹资能力弱，金融机构对发放"风险高且担保不足"的农业贷款缺乏积极性，导致农业贷款难的现象一直极为突出。

2015年11月，南京农业大学的教授陈会广前往武进区的横林镇双蓉村、湟里镇西墅村和雪堰镇雪东村进行了为期两个月的调研。

他告诉《财经国家周刊》记者，调研结果显示，农房抵押业务是一个"活资产、助创业"的典型，能够在撬动农村沉睡资产的同时转变农业发展方式，符合中央供给侧改革的思路。

## 经验空白

"武进个体经济活跃，4个武进人中就有1个是老板，很多人都想将自己农村的资产盘活，用于扩大生产经营规模。"武进区副区长崔娟表示，"两权"试点工作有望解开多年的法律桎梏，解决众多农户融资难的问题，切实增加农民财产性和经营性收入。

陈会广的调研结果显示，年龄较年轻、家庭收入较高且以务工或经营为主要职业的农村居民，对于住房财产权抵押贷款有较强的申请意愿。

事实上，由于市场需求广泛存在，农地经营权抵押和农房抵押都已在民间实践了多年，只是碍于现行法律的限制，不敢大张旗鼓，所以规模一直很小。

全国人大常委会决定解除试点地区的法律限制后，仍面临其他具体问题，比如，作为抵押物的"两权"应该如何估值？目前，各个试点都欠缺专业的土地经营权价值评估机构和人员，导致主观判断成份大，"两权"的实际价值难以确定。

再如，抵押物的变现价值如何保障？处置这类抵押物是否还需要集体的认可，正如崔娟所描述，农村宅基地的流转空间问题现在最为突出。

现行政策只允许宅基地在村集体经济组织内部流转，这既要求村级经济要高度发达，同时村集体经济组织成员有足够的意愿按这个方式解决自己的宅基地分配问题。可以预见，这样形成的市场空间很有限。

抵押物流通性低和变现力差，制约了金融机构开展“两权”抵押贷款的积极性。

为了解释清楚上述问题，周小宇向《财经国家周刊》记者展示了一摞厚厚的文件。

早在2014年2月，武进区农委工作办公室、金融工作办公室、农村集体资产管理办公室和人民银行武进支行就联合印发了《常州市武进区农村土地承包经营权抵押贷款试行办法》；2014年11月，武进区委还向江苏农村改革试验区工作协调小组递交了《关于开展农村住房抵押贷款试点工作的请示》。

“2014年中央提出三权（所有权、承包权、经营权）分置，农村土地承包经营权可以抵押，我们就单独发了一个经营权证书，本身经营权在法律上是空白的。”周小宇说，2014年武进区还跟人行进行“两权”研究，起草了一个农房抵押征求意见稿，但是一直没有发，作为政策储备。

“2015年信号老早就推出了，上头的政策文件和领导讲话都提出要加快探索突破，我们就跟人行、农工办、国土、住建和商业银行一块在加紧研究，尽力做好政策、搭好桥。”他说。

截至2015年底，武进已经合计发放农村土地承包经营权抵押贷款31笔，总贷款额2500万元以及农房抵押贷款两笔，总贷款额80万。

贷款总额不是很大。金融机构也是企业，在没有法律支撑和经验指导的情况下，自然如履薄冰。

## 从无到有

改革，上下同欲者胜。试点地区的任务就是在探索中建立国家、集体、个人三者共赢的制度。

为了让抵押物流转起来，武进成立了产权交易平台，并依托区公共资源交易管理中心，成立了区级农村产权交易所和14个镇级产权交易站。

“这涉及到处分权的问题。现在抵押贷款由农村集体经营公司担保，一旦贷款无法偿还，银行可以通过交易平台建议集体公司回购。”陈会广告诉《财经国家周刊》记者。

周小宇则表示，更重要的是当贷款人出现还贷风险时，可率先在交易平台上自行寻找接盘者，最后实在没办法，才由政府和银行兜底。

“我们一直呼吁，抵押物价值实现要更灵活一些。”崔娟说，近日财政部长楼继伟在《求是》撰文指出在具备条件的地方实行地票制，这是个积极信号。

在帮助确立抵押物的估值上，武进区出台了《农村土地承包经营权价值评估办法》。

根据该文件，土地承包经营权主要的评估办法包括收益法（用农村土地未来年份的纯收益估算）、比较法（用待估农村土地与近期市场上已发生交易比较估算）和成本法（以新开垦或土地整理的费用加上利息、利润、应缴纳的税金和农村土地增值收益来估算）三种，这与市场上主流的资产评估方法相吻合。

此外，武进还尝试运用大数据建立农业经营主体信用体系，从而让银行类金融机构能够第一时间获得借款人的相关信息。

《财经国家周刊》记者获得的武进《关于推进新型农业经营主体信用体系建设试点工作的意见》显示，武进区政府正在全区打造完善、规范、有序、有效的新型农业经营主体信用体系。

该意见提出，信用体系的重点是从金融机构需求出发，通过在线网络联通、报表与报告等方式，将新型农业经营主体的信用信息、信用评级结果和分析报告等向金融机构通报，支持金融机构发现客户，更有效地管理信用风险。

此外，为了帮助贷款户转嫁风险，分摊损失，武进区政府决定强化农业保险保障机制，提高高效设施农业保险覆盖范围。

2014年，在小麦、油菜、水稻、能繁母猪、奶牛以及农业蔬菜大棚及附加棚内作物保险的基础上，新增了生猪、肉（蛋）鸡、螃蟹、茶叶等保险品种，保险的使用是为了保护贷款户的基本经济利益，降低自然和市场的双重风险，保障借款人的还贷能力。

此外，武进区政府还成立了500万人民币的风险共担基金，一旦贷款损失无法补回，亏损额由风险基金承担6成，银行承担4成。

从抵押贷款的对象及条件、经营权的价值评估认定、抵押贷款的期限利率、抵押贷款的风险共担机制和新型农业经营主体的信用体系建设等方面，武进试点的政策框架已经初步成形。

“现在大框架是有了，如果细化工作不到位，后边问题还会出来。”周小宇说。■

**2500万**

截至2015年底，武进已经合计发放农村土地承包经营权抵押贷款31笔，总贷款额2500万；以及两笔共计80万元的农房抵押贷款。

2. 《中国国土资源报》2017 年 7 月 22 日头版报道：《唤醒“沉睡”的资源——江苏省常州市武进区农村土地制度改革三项试点调查》

3. 《中国国土资源报》2017 年 11 月 4 日头版报道：《外资企业首次在农村土地制度改革试点中受益》

中国国土资源报

CHINA LAND AND RESOURCES NEWS

国土资源部主管
中国国土资源报社主办
统一刊号 CN11-0259 邮发代号 1-22

星期六

丁酉年九月十六 2017年11月4日
第 5029 期 今日 8 版
本报网址：http://www.gtzyb.com

巴西WEG公司以“先租后让”方式取得江苏省常州市武进区66亩集体经营性建设用地使用权——

外资企业首次在农村土地制度改革试点中受益

深化改革要远行

农村土地制度改革三项试点系列报道

首席记者 李倩
通讯员 庄铿

“取得这宗土地使用权，提升了我们在中国投资的信心，增强了公司的发展后劲。”近日，巴西WEG公司中国区总裁齐格在江苏省常州市的一场土地出让签约仪式上兴奋地表示。

这是一场不同于以往的土地出让签约仪式。巴西WEG公司旗下的江苏常州新亚电机有限公司，与常州市武进区洛阳镇集体签订出让合同，新亚电机以“先租后让”方式、每亩30万元的价格，取得该镇66亩集体经营性建设用地的50年使用权。据悉，为了落实供给侧结构性改革，扶持新兴产业项目和实体工业企业发展，该宗集体工业用地参照国有工业用地先租后让的相关政策，降低了工业用地项目建设门槛和总用地成本。新亚电机由此成为全国首个在农村土地制度改革试点中受益的外资企业。

武进区是全国农村土地使用制度改革的33个试点地区之一。按照中央要求，试点以集体经营性建设用地入市“同权同价、流转顺畅、收益共享”为目标，在入市主体、范围和途径、市场交易规则和服务监管制度、使用权权能、收益分配等方面率先破题。改革试点中，武进制定了城乡一体化建设用地基准地价体系，集体经营性建设用地与国有建设用地在网上交易系统并网统一运行。入市的集体经营性建设用地可以出让、租赁、作价出资入股，与国有土地在转让、抵押等方面享有同等权能。

新亚电机前身是武进一家民营企业。2014年4月，世界最大电机制造商巴西WEG公司整体受让常州新亚电机有限公司全部股权，致力于在中国市场进行高新技术电机的开发和推广。这是武进当地规模最大的外商投资项目。

巴西是拉美经济规模最大的国家，也是中国重要的金砖战略合作伙伴之一。业内专家认为，此次巴西WEG作为参与中国农村土地制度改革的第一个外资企业，是当地政府践行国家“一带一路”倡议的重要起点，也是金砖国家开放合作的一种新模式。

记者了解到，为贯彻落实国家关于促进外资增长、构建开放型经济新体制的一系列重大决策，国土资源部将以更加开放包容的理念为指引，完善土地利用管理相关政策，降低制度性交易成本，建立内外资企业一视同仁、公平竞争的土地市场运行规则。在前不久召开的全国土地利用管理工作会议上，国土资源部党组成员、副部长王广华表示，国土资源部将加紧研究出台促进外资增长的土地利用政策，对外资以及民间投资项目所需建设用地计划指标积极保障、应保尽保。

4.《中国国土资源报》2018 年 5 月 16 日头版报道：《江苏武进：亮出农村土地整治“精细版”》

中国国土资源报

CHINA LAND AND RESOURCES NEWS

中华人民共和国自然资源部主管　中国国土资源报社主办

统一刊号CN11-0259　邮发代号1-22　2018年5月16日　星期三　第5182期　今日8版　网址 http://www.gtzyb.com

韩正在河北雄安新区调研时强调

高标准高质量推进雄安新区规划建设

江苏武进：亮出农村土地整治“精细版”

在习近平新时代中国特色社会主义思想指引下——新时代新作为新篇章

首席记者 李倩　本报记者 陈威　通讯员 庄锃

坚持“规划引领”打牢根基

创立“工具箱”辨证施治

河南厅9个调研督导组分赴37个贫困县

聚焦扶贫政策落实、扶贫和不动产领域作风建设等问题

四川国土系统开展大学习大讨论大调研活动

5.《中国自然资源报》2018 年 5 月 25 日报道：《江苏武进全面完成村土地利用规划编制》

中国自然资源报
CHINA NATURAL RESOURCES NEWS
中华人民共和国自然资源部主管
2018年5月25日 星期五 第7期 今日8版 统一刊号CN11-0307 邮发代号1-22 网址 http://www.gtzyb.com

## 江苏武进全面完成村土地利用规划编制

**本报讯**（首席记者 李倩 通讯员 庄镫）作为全国33个农村土地制度改革试点地区之一，江苏省常州市武进区目前已全面完成辖区内132个行政村的土地利用规划编制工作。近日，该区横山桥镇、横林镇等9镇涉农行政村的村土地利用规划方案通过了专家评审。

据了解，自去年8月以来，武进区紧紧围绕党的十九大提出的乡村振兴战略和城乡融合发展战略，加快推进村土地利用规划编制工作。此次规划编制综合土地规划、城乡规划、建筑设计、历史文化、生态环境等多维度考量，实现了村土地利用规划从总体规划向详细规划的本质转变。规划编制坚持了底线思维和用途管制要求，既完成了自然资源部《村土地利用规划编制技术导则》规定的基本内容，落实了耕地保护和基本农田、生态红线保护责任；又遵循了“山水林田湖草是一个生命共同体”，优先保护自然生态空间，实现了生态空间、农业空间、建设空间的“三生融合”。规划编制确定了规划年限、发展目标、规划坐标、管控要求，实现了乡镇土地利用总体规划、镇村布局规划、村庄建设规划、生态环境保护规划等“多规”在目标、规模、空间布局上的融合。

专家组认为，武进区对村土地利用规划进行了开创性探索，编制理念先进、基础调查工作扎实，为深化统筹协调推进农村土地制度三项改革试点提供了有力支撑。

武进区政府负责人表示，此次村土地利用规划的全面编制和实施顺应农民期盼，开启了武进区城乡规划一体化的新局面，为城乡协同、农村一、二、三产业融合发展指明了路径。武进区将按照“一本规划、一张蓝图”不断推进农业供给侧结构性改革，增强农业农村发展动能，促进美丽宜居乡村建设，推动农业发展农民增收。

# 后　记

本书是在系统总结常州市武进区农村土地制度改革三项试点工作经验的基础上完成的。武进经济实力雄厚，城乡融合与社会发展基础扎实，作为全国百强县（区）及改革开放过程中"苏南模式"的发源地之一，在全国33个农村土地制度改革三项试点县（区）具有代表性。对苏南发达地区农村土地制度改革的实践探索与理论思考进行梳理，有助于及时总结新时代农村土地制度改革的"苏南经验"与"武进模式"，形成可复制可推广的示范价值。

值得一提的是，武进区按照中共中央国务院、自然资源部、江苏省委省政府、江苏省自然资源厅、常州市委市政府等要求与部署，牢记使命，勇于担当，敢于创新，善于作为，通过改革三项试点工作领导小组、改革试点办公室等共同努力，圆满完成了改革试点各项任务，取得了不俗的成绩，多次得到中央、部省有关领导的充分肯定与主流媒体的高度关注，为2019年《土地管理法》的第三次修正提供了重要的实践参考，武进改革的相关专题报告及经验总结也为本书提供了第一手素材。

在武进区改革三项试点期间，南京农业大学不动产研究中心、公共管理学院的研究团队对武进改革试点工作进行了全程跟踪与专题研究，并对书稿的写作大纲与内容进行了设计讨论，参与研究及执笔的人员主要包括吴群、郭贯成、刘向南、陈会广、彭建超、严思齐、高平、邹伟等，最后由吴群、郭贯成对书稿进行了统稿。

本书的形成与执笔过程中，得到自然资源部（原国土资源部）、江苏省委省政府、江苏省自然资源厅（原江苏省国土资源厅）、常州市委市政府、常州市自然资源局（原常州市国土资源局）、武进区委区政府、常州市武进区农村土地制度改革三项试点办公室以及参与改革试点的有关镇村等各级领导、同人、专家、学者的帮助，他们提供了不少很好的思路与建议，在此表示衷心的感谢！感谢中国社会科学出版社为本书出版所作出的努力与帮助！同时，本书还得到国家社科基金重大项目“农民获得更多土地财产权益的体制机制创新研究”（项目批准号：17ZDA076）的资助，在此一并致谢！

需要指出的是，本书付梓出版时，农村土地制度改革三项试点将迎来阶段性收官，并在新修正的《土地管理法》正式生效之后在全国范围全面铺开，本书只是以武进为代表的发达地区农村土地制度改革的一个阶段性成果总结，尚有许多理论与实践问题有待深入研究与思考，限于水平，本书疏误在所难免，敬请有关领导、学界同人不吝赐教！

编著者

二〇一九年十二月